Patmos Bibel

Altes und Neues Testament

Für die Jugend erzählt von A.-M. Cocagnac und Hans Hoffmann · Die Bilder malte Jacques Le Scanff

Patmos Verlag Düsseldorf

Auflage 19 18 17 16 / 94 93 92 91
Gesamtherstellung: Rasch, Bramsche
ISBN 3-491-79020-4

Altes Testament

Neues Testament

Altes Testament

Das hier läßt euch nicht mehr los

Es gibt viele Geschichten, die lassen uns nicht mehr los, doch keine ist erregender als die Geschichte Israels. Stellt euch vor: Es leben viele mächtige Völker auf der Erde, die sind weithin berühmt. Doch Gott sucht sich ein kleines Hirtenvolk in Vorderasien aus: die Israeliten. Sie sind fortan sein auserwähltes Volk. Mit ihnen hat er oft und viel gesprochen. Ihnen hat er gesagt, was er von allen Menschen will, und die Israeliten sollten allen Völkern auf der Erde erzählen, daß es nur einen einzigen wahren Gott gibt und daß dieser Gott uns alle liebt. Nun werdet ihr sagen: „Das ist doch selbstverständlich, daß es nur einen einzigen Gott gibt, der hat die Welt gemacht und kümmert sich um alle Menschen." Damals war das für die meisten gar nicht selbstverständlich. Viele Völker beteten Götzen an. Die machten sie sich aus Holz und Stein, und manche verehrten auch die Sterne. Ja, selbst unter den Israeliten gab es manche, die sich noch Götzenbilder machten, obwohl der einzige wahre Gott mit ihnen sprach und sie vor ihren Feinden beschützte. Wundert euch also nicht, wenn in diesem Buch von Undankbarkeit, von blutigen Kriegen und von Götzendienerei die Rede ist. So werdet ihr euch manchmal fragen: Warum sind die Menschen so böse? Die Antwort auf diese Frage ist kurz: Wir können Gottes Gedanken nicht begreifen. Dafür ist unser Verstand zu klein. Gott weiß immer, was für uns das Beste ist. Wenn er die

Israeliten oft dunkle und verschlungene Wege führt, so tut er dies nur, damit sie bessere Menschen werden, und nicht selten ist es nur das Leid, durch das sie wieder den Weg zu Gott zurückfinden.
Vieles, was in diesem Buch erzählt wird, könnt ihr nicht begreifen, anderes wiederum wird euch aufgehen, wenn ihr einmal größer seid. Dann könnt ihr auch den vollständigen Text der Bibel lesen. Dieses Buch erzählt nur die wichtigsten Stationen auf dem Wege Israels durch die Jahrhunderte; es will euer Interesse wecken für die spannendste Geschichte der Welt, die ihr dann später in allen Einzelheiten lesen und damit noch besser verstehen könnt.
Wir nennen die Geschichte Israels auch die Geschichte des Alten Bundes, weil Gott mit den Israeliten seinen Bund geschlossen hat. Am Ende dieses Buches erscheint der Messias, Gottes Sohn. Durch ihn schließt Gott mit allen Menschen einen neuen Bund. Diese Geschichte, in deren Mittelpunkt Jesus Christus steht, heißt auch das Neue Testament. Ihr findet sie in einem anderen Buch erzählt, das sich dem vorliegenden Buch anschließt.
Es wird euch beim Lesen vielleicht auffallen, daß die Geschichte des Volkes Israel eigentlich erst mit der Erwählung Abrahams beginnt. Was vorher berichtet wird, nennen wir die Urgeschichte. Sie umfaßt im wesentlichen die Erschaffung der Welt und den Sündenfall der ersten Menschen. Nun war kein Mensch dabei, als Gott die Erde machte, und die ersten Menschen dachten nicht daran aufzuschreiben, was sie erlebten, was sie fühlten und dachten. Sehr viel später erst, als es schon viele Völker gab, fragten sich die Menschen: Wie hat wohl alles angefangen? Wie sind Sünde und Tod in die Welt gekommen? Am Ende schrieben sie die Geschichte vom Anfang aller Dinge und vom Sündenfall so nieder, wie sie sie sich vorstellten, und sie sagten: So könnte es gewesen sein. Also ist in ihre Erzählungen manches aus ihrer Umwelt und aus ihrem Alltag eingeflossen. So formten die Israeliten ihre Töpfe und Teller aus Ton, daher ist in der Erzählung von der Erschaffung des Menschen vom Töpfer und vom Ton die Rede. Die Israeliten waren Bauern und Hirten. Sonne, Wind und Regen spielten in ihrem Leben eine große Rolle. Darum hören wir am Anfang viel von Dürre und schweren Regengüssen. Das verstanden die Israeliten, die diese Geschichten hörten, denn das war ihr tägliches Leben.
Wenn wir heute darangehen, die Entstehung der Welt und das Leben der ersten Menschen zu beschreiben, tun wir es auf unsere Weise, und das ist nur natürlich. Wir wohnen in anderen Häusern als die Israeliten damals, wir verdienen unser Geld auf eine andere Weise, wir sprechen eine andere Sprache, und wir wissen heute vieles, was die Menschen damals einfach noch nicht wissen konnten. Aber wer die Geschichte vom Anfang auch erzählt und wie sie auch immer erzählt wird, die Wahrheit bleibt stets die gleiche: Gott hat diese Welt gemacht. Er hat sie für uns gemacht. Er liebt uns, wenngleich auf seine Weise.

Gott macht den Himmel und die Erde

Am Anfang machte Gott den Himmel und die Erde. Die Erde war aber wüst und leer. Nicht ein Baum war da, nicht ein einziger Strauch, und alles lag in tiefem Dunkel.
Da sprach Gott: „Ich will, daß es hell wird." Und es wurde hell. Gott sah, daß das Licht gut war, und er nannte es Tag. Die Dunkelheit nannte er Nacht.
Dies war der erste Tag der Welt. Er hatte einen Morgen und einen Abend. Dieser erste Tag war aber länger als vierundzwanzig Stunden, denn Gottes Tage sind unendlich länger als die Tage der Menschen.
Gott sprach: „Es soll ein großer Raum sein zwischen dem Himmel und der Erde." Und so geschah es. Das war Gottes zweiter Tag.
Noch immer lag das feste Land unter Wassermassen begraben. Gott sah das und sprach: „Das Wasser soll sich in tiefen Becken sammeln!" Und auf sein Wort hin floß das Wasser zusammen, und langsam trat das feste Land hervor. Die großen Wasserbecken nannte Gott Meere, das feste Land nannte er dagegen Erde. Noch sah man keinen Baum und keinen Strauch. Da sprach Gott: „Grün soll die Erde werden, und Pflanzen und Bäume sollen darauf wachsen." Und es regten sich die Samenkörner in der Erde, und es wuchsen Gräser, Blumen und Bäume und all die Pflanzen, deren Früchte wir essen können. Gott sah, daß alles gut geraten war, und freute sich. Das war Gottes dritter Tag.
Gott sprach: „Es sollen Lichter am Himmel erscheinen, die immerfort leuchten." Und Gott machte zwei große Lichter: die Sonne und den Mond. Wenn die Sonne aufgeht, wissen wir, daß Morgen ist, und wenn der Mond am Himmel aufzieht, dann wissen wir, daß jetzt die Nacht gekommen ist. Gott machte noch viele andere Lichter, die nachts am Himmel stehen, und er nannte sie Sterne. Das war Gottes vierter Tag.

Viele Tiere kommen aus der Erde

Gott sprach: „Im Wasser und in der Luft sollen viele Tiere leben, und nicht eines von ihnen soll wie das andere sein."

Und so geschah es. Riesige Schlangen kamen aus dem Meeresschlamm gekrochen, und seltsam geformte Fische schwammen ihren Weg. Die Luft war voll von großen und kleinen Vögeln, und jedes Tier hatte seine eigene Weise, sich fortzubewegen, Nahrung zu suchen und zu ruhen.

Gott sprach zu den Fischen und Vögeln: „Ihr sollt viele Junge bekommen und euch ausbreiten über die ganze Erde." Und am Ende war kein Wasser mehr ohne Fische, und unzählige Vögel flogen über Land und Meer. Das war Gottes fünfter Tag.

Aber noch gab es auf dem trockenen Land kein einziges Tier. Da sprach Gott: „Auch auf dem trockenen Land will ich Tiere sehen. Große Tiere will ich sehen und kleine auch. Einige sollen wild sein und mitten in den großen Wäldern leben, andere wiederum sollen zahm sein."

Und siehe, über die Erde zogen Eidechsen so groß wie Drachen, und im Sand krochen Tiere, die waren so klein, daß man sie mit dem bloßen Auge nicht erkennen konnte. Und so waren am Ende Tiere überall, wohin man blickte, große und kleine, wilde und zahme, schöne und häßliche Tiere, und keines glich dem anderen.

Gott sah den Anfang aller Arten von Tieren mit großer Freude.

Wenn einer ein schönes Haus gebaut hat

Wenn einer ein schönes Haus gebaut hat, dann loben wir ihn und danken ihm für seine Arbeit. Manchmal vergessen wir dabei, auch Gott zu danken. Gott hat die Steine gemacht, das Holz, das Eisen, und er gibt uns die Kraft zur Arbeit und den Sinn für schöne Formen. Dafür wollen wir ihm ein Lied singen. Das schönste Lied ist die Erinnerung an die großen Taten Gottes am Anfang der Welt.

Lobe den Herrn, meine Seele!
O Herr, mein Gott, wie bist du groß!
Das Licht der Sonne ist dein Kleid.
Du spannst den Himmel über uns wie ein
  Zeltdach.
Du fährst auf den Wolken wie auf einem
  Wagen.
Du machst den Wind zu deinem Boten.

Das Wasser deckte die höchsten Berge zu,
du hast es vor dir her ins Meer getrieben.
Da traten die Berge aus den Fluten,
und die Täler wurden weit und hell.

Herr, wie sind deine Werke groß!
Du hast sie in deiner Weisheit geschaffen,
Menschen und Tiere,
sie alle warten auf dich,
daß du ihnen zu essen gebest.
Du tust deine Hand auf,
und alle werden satt.
Immerfort machst du die Erde neu.
Dafür will ich dir, Herr,
mein Leben lang dankbar sein.

Aus Psalm 104

Wie die ersten Menschen das Leben bekommen

Die Fische, die Vögel und die Tiere auf dem Land bekamen viele Junge und lebten so, wie es für sie am besten war. Da sprach Gott: „Jetzt will ich den Menschen machen, und er soll mir ähnlich sein."

Und Gott nahm einen Klumpen Ton vom Boden und formte daraus den Mann, und er hauchte ihn an. Da atmete der Mann und lebte.

Gott sprach: „Damit der Mensch mir ähnlich wird, will ich ihm ein Herz geben, das lieben kann, und eine Stimme, damit er mir Antwort gibt, wenn ich mit ihm sprechen will. Er soll auch Verstand besitzen, damit er über alles herrschen kann, was ich geschaffen habe."

Da merkte Gott, daß der Mensch noch keinen Namen hatte, und er sagte: „Er soll Adam heißen." Das ist: aus Ton gemacht.

Gott sah, daß Adam so allein war. Deshalb sprach er: „Adam wird traurig werden, wenn er immer so allein ist. Deshalb will ich ihm eine Gefährtin geben, die immer bei ihm bleiben soll. Es ist nicht gut für den Menschen, wenn er allein ist."

Nun mußte die Gefährtin aber zum Manne passen, sie durfte dem Mann nicht ganz fremd sein. Gott sagte: „Ich mache sie am besten aus demselben Ton, aus dem auch der Mann gemacht ist."

Als nun Adam schlief, nahm Gott aus seinem Körper eine Rippe und formte daraus die Frau. Die Stelle aber, wo die Rippe gewesen war, verschloß er mit einem Kloß aus Ton. Als Adam die Frau erblickte, rief er: „Sie ist Fleisch von meinem Fleisch. Deshalb soll sie Eva heißen." Das ist: vom Manne.
Der Mann und die Frau blieben also immer zusammen, und sie liebten einander sehr. Sie brauchten keine Kleider zu tragen. Es gab genug zu essen und zu trinken, und sie wurden niemals krank, und was das Größte war: sie brauchten nicht zu sterben.
Gott sprach zu ihnen: „Jetzt sollt ihr heiraten und Kinder bekommen. Eure Kinder sollen wieder Kinder bekommen, und es soll die Erde voll von Menschen sein, und sie sollen über alles herrschen, was ich geschaffen habe."
So begann Gott sein großes Gespräch mit den Menschen, und wer die Ohren aufmacht, kann Gottes Stimme auch heute noch vernehmen.

Die Tiere bekommen ihre Namen

Gott sagte zu dem Mann und der Frau: „Herrscht über die Fische im Wasser, die Vögel in der Luft und die Tiere auf dem Land."
Zu sich selber sprach er: „Ich will den Menschen deutlich zeigen, daß sie Gewalt über alle Tiere haben. Sie sollen den Tieren Namen geben, und jedes Tier soll so heißen, wie die Menschen es nennen werden."
Und Gott brachte die Tiere zu den Menschen, eines nach dem anderen, und er fragte sie: „Wie soll dieses Tier heißen?" Und sie sagten: „Kuh." Ein anderes Tier nannten sie Katze, und so gaben sie einem jeden Tier seinen Namen.
Seit dieser Zeit glauben die Menschen, daß sie etwas beherrschen können, wenn sie seinen Namen kennen.
Wohl aus diesem Grund wollte Gott am Anfang noch nicht, daß die Menschen ihm selber einen Namen gaben. Sie sollten nämlich nicht sagen: „Wir haben auch über Gott Gewalt, denn wir wissen seinen Namen."
Gott dachte: „Die Menschen sollen meine Kinder sein, wie viele auch immer geboren werden, und ich will ihr Vater sein. Ich habe ihnen etwas von meiner Stärke und meinem Wissen mitgegeben, damit sie die Welt immer schöner machen und den Frieden bewahren können."
 Das war Gottes sechster Tag.

Warum wir einen Ruhetag haben

Am siebten Tag sprach Gott: „Jetzt will ich in Ruhe betrachten, was ich geschaffen habe." Und er schaute überallhin und sagte: „Es ist alles gut geraten." Und er freute sich über alles, was er gemacht hatte. So haben auch wir Menschen in der Woche einen Ruhetag. Dieser Tag ist wie eine Rast auf einer langen Wanderung. Der Wanderer, der rastet, sammelt nicht nur neue Kräfte, er hat auch Zeit, daran zu denken, wo er hergekommen ist, wo er sich im Augenblick befindet und wohin die Reise geht. Und wenn er dann ganz ruhig geworden ist, dann wird ihm klar, daß ihm immer noch etwas fehlt, auch noch im allergrößten Glück. Er mag alles haben, was er sich gewünscht hat, stets ist da noch etwas offen, was ihm kein Mensch geben kann. Gott allein kann das dazutun, was uns noch fehlt, er allein kann die Unruhe von uns nehmen, er ist das Ende des Weges, er ist das Ziel. Daran wollen wir am Sonntag besonders denken, und wir wollen Gott dafür danken, daß er uns so sehr liebt.

Wie die Sünde in die Welt kam

Das Land, in dem die Israeliten wohnten, ist trocken. Den größten Teil des Jahres brennt dort die Sonne heiß vom Himmel. Es gibt da viel Sand und wenig Wasser, und weil es wenig Wasser gibt, sieht man kaum etwas Grünes in der braungelben Landschaft. So können wir verstehen, daß das Schönste, was es für die Israeliten gab, ein Garten in der Wüste war. Dort konnte man im Schatten hoher Palmen herrlich ruhen, die Brunnen waren bis zum Rand voll kühlen Wassers. Obstbäume wuchsen hier in reicher Fülle, und die Kamele und Schafe hatten viel saftiges Gras zum Fressen. Deshalb geht die Geschichte von Adam und Eva folgendermaßen weiter: Gott pflanzte im Osten einen schönen Garten für die Menschen, in dem es nie zu heiß war. Ein breiter Strom floß durch den Garten und teilte sich in vier Arme, damit es nirgendwo an Wasser fehlte. So war der Boden überall feucht, und viele Bäume trugen dicke, süße Äpfel. Die Menschen brauchten nur die Hände danach auszustrecken und zu pflücken, und sie litten keine Not.

Zwei Bäume aber waren größer und schöner als jeder andere Baum: der Baum des Lebens und der Baum der Erkenntnis. Sie standen in der Mitte des Gartens. Beide Bäume trugen ein Geheimnis, aber dieses Geheimnis kannte Gott allein.

Gott führte die Menschen in den schönen Garten und sprach zu ihnen: „Ich habe ihn für euch gepflanzt. Hier ist gut leben, und es wird euch an nichts fehlen." Dann zeigte er auf die Bäume in der Mitte des Gartens und sagte: „Ihr dürft von allen Bäumen dieses Gartens essen, nur vom Baum der Erkenntnis nicht. Wenn ihr vom Baum der Erkenntnis des Guten und Bösen eßt, dann müßt ihr sterben."

Auf diese Weise wollte Gott den Menschen zeigen, daß es Geheimnisse gibt, die für sie zu schwer sind. Also sollten sie auch nicht daran rühren. Gott sprach zu sich selber: „Ich muß dieses Verbot aussprechen, denn die Geschöpfe, die ich gemacht habe, neigen dazu, gegen mich aufzustehen und zu sagen: Wir wollen sein wie Gott."

Von allen Tieren, die Gott geschaffen hatte, war die Schlange am listigsten. Sie hatte das Gespräch Gottes mit Adam und Eva in dem schönen Garten mit angehört und wollte die Menschen nun auf die Probe stellen. Also schlich sie sich an die Frau heran und fragte: „Hat Gott euch gesagt, daß ihr nicht von allen Bäumen dieses Gartens essen sollt?" Die Frau antwortete: „Wir dürfen von allen Bäumen dieses Gartens essen, nur von dem Baum der Erkenntnis nicht. Gott hat zu uns gesagt: Wenn ihr von diesem Baum eßt, müßt ihr sterben." – „So, das hat er gesagt", zischte die Schlange und fuhr fort: „Ich sage dir, ihr werdet niemals sterben, wenn ihr von diesem Baum eßt." – „Nicht sterben?" fragte die ahnungslose Frau. Die Schlange schüttelte den Kopf und sagte: „Weißt du, warum Gott nicht haben will, daß ihr von diesem Baum eßt?" – „Nein", antwortete die Frau und trat ganz nahe zu der Schlange. Sie war neugierig geworden. „Dann will ich es dir sagen", flüsterte die Schlange, „wer von diesem

Baum ißt, der wird wie Gott und weiß, was gut und böse ist. Nun will Gott nicht, daß ihr werdet wie er selber. Er hat Angst, die Menschen werden ihm zu mächtig. Deshalb hat er euch ausdrücklich verboten, von diesem Baum zu essen."
Die Frau schaute zu dem Baum hinauf und dachte: „Die schönen Äpfel müssen köstlich schmecken. Auch muß es herrlich sein, so viel zu wissen und so mächtig zu sein wie Gott." Sie überlegte einen Augenblick, dann sagte sie zu sich selber: „Wenn ich erst mit meinem Mann spreche, dann findet er tausend Gründe gegen die Schlange, und alles bleibt so, wie es ist. Deshalb will ich gleich einen Apfel vom Baum der Erkenntnis pflücken. Wenn der Apfel erst herunter ist, kann mein Mann nichts anderes mehr tun als essen."
Und so holte sie einen Apfel vom Baum herunter. Sie biß hinein und gab auch dem Mann davon zu essen.
Sobald sie aber gegessen hatten, standen sie bestürzt da. Etwas Seltsames war geschehen. Die Pflanzen und Tiere, die Flüsse und Berge, die bis zu diesem Augenblick so schön und friedlich um sie herum gewesen waren, waren auf einmal nicht mehr so schön. Die Tiere blickten sie wie Fremde an. Der Mann und die Frau wurden unsicher, und sie bekamen Angst. Zitternd verkrochen sie sich in den Sträuchern des Gartens.

Einer schiebt die Schuld auf den anderen

Während sie so zitternd dastanden, ertönte die Stimme Gottes, und er rief den Mann: „Wo bist du?" Der Mann antwortete: „Ich schäme mich, darum habe ich mich in den Sträuchern versteckt." Gott fragte ihn: „Warum solltest du dich schämen? Was hast du getan?" Der Mann sagte kein einziges Wort, und die Frau an seiner Seite schwieg ebenfalls. Da fragte Gott den Mann, und seine Stimme wurde dabei dunkler: „Hast du etwa von dem verbotenen Baum gegessen?" Der Mann antwortete: „Ich bin es nicht gewesen. Die Frau, die du mir als Gefährtin gegeben hast, redete mir zu, auch von dem Apfel zu essen, und am Ende habe ich ein Stück davon genommen." Da fragte Gott die Frau: „Warum hast du das getan? Wußtest du nicht, daß ich euch ausdrücklich verboten hatte, von diesem Baum zu essen?" Die Frau antwortete verlegen: „Ich wollte es nicht tun, aber die Schlange hat es mir geraten."

So schob der Mann die Schuld auf die Frau, und die Frau wiederum schob die Schuld auf die Schlange, doch Gott sprach zu dem Mann: „Du sagst, du hättest keine Schuld? Warum hast du nicht nein gesagt, als deine Frau mit dem verbotenen Apfel kam?“ Zu der Frau sagte er: „Du hättest nicht auf die Schlange hören sollen!“ Dann sprach er zu den beiden: „Es war eure Schuld allein, und so müßt ihr auch die Folgen tragen.“

Die Schlange hatte im Gras gelegen und alles mit angehört. Sie freute sich, daß sie Gott und die Menschen auseinandergebracht hatte, doch ihre Freude dauerte nicht lang, denn schon sprach Gott zu ihr: „Weil du die Frau dazu gebracht hast, von dem verbotenen Baum zu essen, soll es dir schlimm ergehen. Auf dem Bauch sollst du kriechen und Staub fressen dein Leben lang. Streit wird sein zwischen dir und der Frau, zwischen deinen Kindern und ihren Kindern, und sie werden ihren Fuß auf deinen Kopf setzen und dich mit einem Stock totschlagen. Ich weiß, du wirst versuchen, sie in den Fuß zu stechen, doch es wird dir wenig nützen.“

Dann wandte sich Gott zu der Frau, die noch immer zitternd dastand, und sprach zu ihr: „Nun höre, was mit dir geschehen wird. Wenn du Kinder bekommst, sollst du mit ihnen viel Arbeit haben, und sie werden dir manche Sorge bereiten.“

Dem Mann, der dabeistand, sagte Gott: „Weil du nicht auf mich gehört hast, sollst du fortan ein schweres Leben haben. Du wirst nicht überall genug zu essen finden wie bisher. Unkraut wird den Pflanzen, die du gesät hast, Licht und Nahrung nehmen, und so mußt du schwer arbeiten von früh bis spät, wenn du nicht Hunger leiden willst. So wird dein Leben voller Mühen und Plagen sein, bis sie dich nach deinem Tode in die Erde legen, aus der du ja auch gekommen bist. Denn du bist Erde und sollst wieder zu Erde werden.“

Gott jagt die Menschen aus dem schönen Garten

Gott dachte: „Die Menschen haben von dem Baum der Erkenntnis gegessen und wissen jetzt, was gut und böse ist. Nun werden sie nicht ruhen, bis sie ganz so sind wie Gott." Dann blickte er zu dem Baum des Lebens hinüber und sagte: „Jetzt werden sie auch noch von diesem Baum essen wollen. Wer nämlich davon ißt, braucht nicht zu sterben. Ich will sie also aus dem schönen Garten jagen in die wüste Welt hinaus. Dort sollen sie auf dem Feld arbeiten und schwitzen, und Krankheit und Tod sollen an ihnen nicht vorübergehen."
Aber er hatte auch Mitleid mit denen, die er nun vertreiben mußte. Deshalb machte er ihnen Kleider aus Fellen, damit sie draußen nicht zu frieren brauchten.
Dann jagte er sie aus dem schönen Garten. Vor das Tor des Gartens stellte Gott starke Engel mit feurigen Schwertern, die sollten den Baum des Lebens bewachen.
Der Mann und die Frau mußten nun schwer arbeiten, und sie wurden häufig krank. Oft schwemmte der Regen die Pflanzen fort, und sie hatten nichts zu essen. Dann dachten sie an den Garten zurück und sagten: „Warum haben wir nur auf die Schlange gehört."

Kain bringt seinen Bruder um

Adam und Eva hatten zwei Söhne, Kain und Abel. Abel hütete die Schafe, Kain dagegen war ein Bauer und arbeitete auf dem Feld.
Eines Tages nun sprachen die Brüder: „Wir haben ein gutes Jahr gehabt. Viel Korn ist in den Scheunen, und die Schafe haben Junge bekommen wie nie zuvor. Dafür wollen wir Gott danken.“ Also bauten sie einen Altar und brachten von dem, was Gott ihnen geschenkt hatte. Kain legte Korn und Gemüse auf den Altar, Abel, der Hirt, opferte ein paar Lämmer aus der Herde.
Kain dachte bei sich: „Gott muß mich mehr liebhaben als meinen Bruder, denn ich bin der ältere.“ Abel kamen solche Gedanken nicht, als er sein Opfer darbrachte. Als nun der Rauch vom Altar hochstieg, sahen sie, wie der Rauch über dem Opfer Kains nicht so gerade nach oben zog wie der von Abels Gaben. Da wurde Kain wütend und schrie: „Da sieht man es ja! Gott hat nur meinen Bruder lieb, mich aber mag er nicht leiden.“ Er schlug seinen Bruder Abel tot. Als er nun Abel tot daliegen sah, bekam er einen Schrecken und lief fort. Adam und Eva waren außer sich, als sie die schreckliche Nachricht hörten. Abel von seinem eigenen Bruder erschlagen!
Gott rief hinter Kain her: „Wo ist dein Bruder?“ Kain antwortete: „Ich weiß es nicht. Muß ich denn immer auf meinen Bruder aufpassen? Soll der selber sehen, wie es ihm ergeht.“ Gott aber sprach: „Laß die langen Reden! Du hast deinen Bruder totgeschlagen. Du bist ein Mörder, und deshalb darfst du nicht mehr länger auf den Feldern bleiben, von denen du so viel Gemüse und Korn geerntet hast. Du sollst immer und überall ein Flüchtling bleiben und nirgendwo zu Hause sein.“
Gott wollte nicht den Tod des Kain. Deshalb machte er ihm ein Zeichen auf die Stirn, damit ihn keiner töten konnte. So durfte er weiterleben, aber immerzu war das Bild des erschlagenen Bruders vor seinen Augen, und er fand keine Ruhe.

Nur Noah tut noch Gottes Willen

Kain hatte ein böses Beispiel gegeben. Die Menschen schlugen einander tot, sie stahlen, sie stritten sich und sagten selten die Wahrheit. Einer war neidisch auf den anderen, und niemand konnte mehr in Frieden leben. Unruhig zogen sie von einem Ort zum anderen, und sie konnten nicht mehr so richtig froh sein.
Gott sah, wie böse die Menschen geworden waren, und er sprach: „Schon tut es mir leid, daß ich ihnen das Leben gegeben habe. Ob es nicht besser wäre, sie allesamt von der Erde zu vertilgen? Sollen sie mitsamt den Pflanzen und Tieren untergehen!"
Doch da war ein einziger Mann, der tat, was Gott von ihm wollte. Er hieß Noah und war ein guter Mensch. Er tat keine Sünde. Er lebte in Gott, wie es der Maler auf dem rechten Bild zeigt. Wir sollen auf diese Weise klar erkennen, daß wir in Gott sind, wenn wir seinen Willen tun.
Gott sah das alles und sprach: „Der gute Noah verdient nicht, daß er mit den anderen untergeht. Wenn ich die Übeltäter von der Erde vertilge, muß ich Noah und seine Familie schonen. Ihnen soll nichts geschehen. Sie allein von allen Menschen sollen überleben."

Noah baut ein großes Schiff

Gott rief den Noah, und der sagte: „Herr, hier bin ich. Was willst du von mir?" Und Gott sprach zu ihm: „Ich mag die Schlechtigkeit der Menschen nicht mehr länger mitansehen. Du allein machst mir noch Freude. Höre, was geschehen wird. Vierzig Tage und Nächte soll es in einem fort regnen. Alle Flüsse dieses Landes werden über ihre Ufer treten und alle Menschen und Tiere in der Riesenflut ertrinken. Nur dich und deine Familie will ich retten.

Deshalb sollst du ein großes Schiff bauen, welches breit wie ein riesiger Kasten ist. Wenn du die Balken und Bretter zusammengefügt hast, streiche Pech in die Ritzen, damit kein Wasser hereinkann. Drei Stockwerke soll das Schiff haben und an der Seite eine große Tür. Auf das Schiff aber setze ein breites Dach, damit das Regenwasser sich nicht im Schiffsbauch sammeln kann und ihr alle jämmerlich ertrinkt.

 Wenn das Schiff fertig ist, dann gehe mit deinen Söhnen an den Fluß und in die

Wälder. Dort sollt ihr von jeder Tierart ein Männchen und ein Weibchen fangen und alle Pärchen auf das Schiff bringen. Vergiß nicht ein einziges Tier und schaffe auch genügend Nahrung auf das Schiff, denn vierzig Tage sind eine lange Zeit, und deine Familie und die Tiere sollen nicht hungern, wenn der große Regen kommt."

Während Gott so sprach, zogen am Himmel schon schwere, dunkle Wolken auf und hingen wie ungeheuer große Säcke über dem Land. Die Menschen schauten empor und sagten: „Es wird Regen geben, wie schon so oft zuvor. Was macht das schon? Bald wird wieder die Sonne scheinen." Und sie gingen ihres Weges und taten vieles, was Gott nicht gefiel.

Noah aber wußte, was die Wolken zu bedeuten hatten. Er rief seine Familie zusammen und berichtete, was Gott ihm aufgetragen hatte. Zu den Söhnen sagte er: „Schlagt Holz und baut das Schiff genauso, wie Gott es haben will." Zu den Töchtern sagte er: „Schafft Nahrung für vierzig Tage auf das Schiff und fangt schon die kleinen Tiere. Die großen Tiere will ich mit meinen Söhnen fangen, wenn das Schiff fertig ist."

Es regnet Tag und Nacht

Noah und seine Söhne arbeiteten Tag und Nacht. Endlich stand das große Schiff fertig da. Die Männer brachten die Tiere an Bord, und man hörte ein Gequieke, ein Trompeten und dazwischen Vogelschreie, denn die Tiere gingen nur widerwillig über den schmalen Laufsteg, der ins Innere des Schiffes führte. Die kleinen Tiere steckten sie in Kisten, damit sie von den großen nicht totgetreten würden. Währenddessen buken die Frauen Brot für vierzig Tage und vergaßen auch das Futter für die vielen Tiere nicht. Als alle endlich in dem Schiff waren, verschloß Noah von innen die Tür und strich Pech in die letzten Ritzen. Dann sagte er zu seiner Familie: „Wir wollen ganz auf Gott vertrauen."

Da setzte der große Regen ein. Es goß in Strömen Tag und Nacht, und Noah merkte, wie das Schiff ganz langsam hochgehoben wurde und endlich auf einer endlosen Wasserwüste schwamm. Alle Menschen und Tiere ertranken, Noahs großes Schiff dagegen schwamm ruhig auf der Flut. Während der Regen pausenlos herunterrauschte, saß Noah mit seiner Familie um einen Tisch und betete zu Gott dem HERRN. Am Ende hörte der Regen auf, und Gott ließ einen kräftigen Wind über die Erde wehen. Der trocknete das Wasser langsam fort, aber Noah erblickte noch immer keinen festen Grund. Deshalb sagte er: „Ich will eine Taube fliegen lassen. Kehrt sie nicht mehr zurück, dann weiß ich, daß sie festes Land gefunden hat und die Not vorbei ist." Er ließ eine Taube aus dem Fenster, doch bald schon kam sie zurückgeflogen, denn sie hatte keinen Platz gefunden, auf dem sie hätte niedersitzen können. Als Noah sie ein zweites Mal fliegen ließ, kam sie mit einem frischen Ölzweig im Schnabel wieder. Jetzt wußte Noah, daß wenigstens die Bäume wieder aus dem Wasser ragten und die Flut zurückging. Von ihrem dritten Flug kehrte die Taube nicht mehr wieder. Da wußte Noah, daß die Erde endlich aus dem Wasser trat, und es dauerte nicht mehr lange, da blieb das Schiff mit einem Ruck auf einem hohen Berg stehen.

Noah ging als erster aus dem Schiff. Er blickte zum Himmel empor und sah einen Regenbogen, der in den schönsten Farben glänzte. Und Gott sprach zu ihm: „Dieser Regenbogen soll nicht mehr länger ein Zeichen des Todes sein. Er soll vielmehr ein Zeichen dafür sein, daß ich mit dir und allen Menschen, die aus deiner Familie hervorgehen werden, einen Bund geschlossen habe, der gilt für ewig. Der Regenbogen am Himmel soll die Menschen stets an diesen Bund erinnern. So kann es nicht geschehen, daß noch einmal ein großer Regen kommt und alle Menschen und Tiere von der Erde tilgt. Hört auf mein Wort, dann kann euch nichts geschehen, und ihr lebt in Frieden."

Gott will die Menschen nie mehr allein lassen

Noah sagte: „Herr, ich danke dir, daß du mich und die Meinen vom Tod errettet hast. Zum Zeichen des Dankes wollen wir einen Altar bauen und dir ein Opfer darbringen. Wir sind glücklich, daß du die Menschen immer noch liebst und es noch einmal mit ihnen versuchen willst."

Und sie opferten ein Tier. Gott freute sich darüber und sprach in seinem Herzen: „Solange die Erde steht, soll nicht aufhören Saat und Ernte. Sommer und Winter, Tag und Nacht sollen immer wiederkehren, und Frost und Hitze sollen einander abwechseln bis zum letzten Tag. Ich will die Erde nicht mehr verfluchen, weil die Menschen Böses tun. Ich will ihnen von Zeit zu Zeit ein Zeichen geben, daß sie an mich denken und das Gute tun. Ich habe sie ins Leben gerufen, und eher geht ein Berg von seiner Stelle, als daß meine Liebe von den Menschen weicht." Dann sprach er zu Noah: „Deine Söhne und Töchter sollen viele Kinder bekommen und überall wohnen und arbeiten. Die ganze Erde gehört euch, und ihr sollt sie beherrschen. Dies ist mein Bund, den ich mit dir und deinen Nachkommen schließe."

Ein Turm soll bis zum Himmel reichen

Die Söhne und Töchter Noahs hatten viele Kinder, und im Laufe der Zeit wuchsen die einzelnen Familien zu großen Stämmen an. Aber wieviel Menschen auch dazukamen, sie wurden einander nicht fremd, denn sie sprachen alle dieselbe Sprache, und deshalb gab es weniger Streit. Alle Menschen waren wie Kinder einer einzigen großen Familie.

Doch bald vergaßen die Menschen Gottes große Liebe, und sie wurden hochmütig in ihren großen Städten. Sie sagten: „Wir wollen allein auf unsere Kraft vertrauen." Andere blieben dabei nicht stehen und riefen: „Warum sollen wir Gott nicht zeigen, daß wir genausoviel können wie er selbst? Haben wir nicht Häuser gebaut, die bis an die Wolken reichen?" – „Er hat recht", schrie einer aus der Menge, „Gott wohnt hoch im Himmel. Wir wollen genauso hoch wohnen wie er." Und sie bauten einen Turm, dessen Spitze beinahe bis zum Himmel reichte. Die Menschen jubelten: „Wenn unser Turm fertig ist, werden wir wie Gott sein und über die ganze Erde herrschen."

Aber Gott bestrafte sie. Plötzlich sprach jeder eine andere Sprache, und sie verstanden einander nicht mehr. Es entstand eine große Verwirrung, es gab manchen Streit, und zuweilen stieß ein Mann den anderen vom Turm hinunter in die Tiefe.

Der Turm wurde nicht fertig, die Menschen liefen auseinander und spalteten sich in viele Völker auf, und von Tag zu Tag wurde es schwerer, den Frieden zu bewahren.

Abram glaubt jedes Wort Gottes

Aus vielen Völkern suchte sich Gott nun eines aus. Sein Auge fiel auf Abram. Der wohnte in der Landschaft Chaldäa in einem Ort mit Namen Ur. Die Leute von Ur waren sehr reich geworden und lebten in Saus und Braus. Sie sagten: „Wozu haben wir Gott nötig? Uns geht es gut." Aber sie brauchten dennoch etwas, zu dem sie aufblicken und das sie verehren konnten. So stiegen sie am Abend auf die flachen Dächer ihrer Häuser, knieten auf kostbaren Teppichen nieder und beteten die Sterne an. Gott sah das und wurde traurig. Er sprach: „Wie töricht sind sie doch! Die Sterne sind vergänglich wie die Menschen selber. Ich habe sie gemacht, und doch beten die Menschen sie an, als wären sie wie Gott. Ich aber will ein Volk, das mich allein anbetet und liebt wie einen Vater. Ein solches Volk will ich mir suchen."

Wir wissen nicht genau, wo Abram war und was er gerade tat, als er plötzlich über sich eine Stimme hörte, die sprach: „Verlasse dein Land, die Freunde und deines Vaters Haus und ziehe in das Land, das ich dir zeigen will. Du sollst der Vater eines großen Volkes werden, und ich will dich segnen. Du wirst einen großen Namen haben und selbst ein Segen sein. Ich will die segnen, welche dich segnen, und die verfluchen, welche dir fluchen, und in dir sollen gesegnet sein alle Geschlechter der Erde."

Abram gehorchte. Er nahm seine Frau Sarai und seinen Neffen Lot, nahm seine Knechte und Mägde und all sein Vieh und brach auf nach Kanaan. Damit beginnt die eigentliche Geschichte von Gottes auserwähltem Volk.

Endlich kamen sie an einen Ort, der Sichem hieß. Dort stand eine Eiche, welche die Leute Mamre nannten. Im Schatten dieser Eiche hörte Abram Gottes Stimme, die sprach: „Das Land, das vor dir liegt, soll deinen Nachkommen gehören." Abram glaubte Gott und baute zwei Altäre, in Sichem einen und in Bethel einen. Er wollte damit zeigen, daß sein Glaube an Gott unerschütterlich war.
Gott sprach zu ihm: „All das Land, das du um dich hier siehst, will ich dir und deinen Nachkommen für immer schenken. Ich habe euch aus vielen Menschen ausgesucht, und ihr sollt mein auserwähltes Volk sein, und wenn andere herum die Sterne oder andere Götzen anbeten, dann sollt ihr an dem einen Gott festhalten, und der bin ich. Deine Nachkommen sollen so zahlreich sein wie die Sandkörner am Meer. Stehe auf und gehe durch das Land, das ich dir geben will, und nimm es in Besitz."
Doch Abram wurde traurig und sagte: „Wozu dieser Segen? Du weißt doch, daß ich keine Kinder habe. Also würde ein Knecht aus meinem Hause dieses weite Land besitzen, wenn ich einmal tot bin." Aber Gott entgegnete ihm: „Dein eigener Sohn soll einmal dieses Land besitzen." Dann führte er Abram hinaus aufs Feld und sprach zu ihm: „Blicke auf zum Himmel und sage mir: Kannst du all die Sterne zählen, die du siehst?" Abram schüttelte den Kopf. Gott sprach: „So zahlreich wie die Sterne am Himmel sollen deine Nachkommen sein."
Abram glaubte alles, was Gott sagte, weil er ihm ganz vertraute. Und Gott segnete Abram.

Gott ändert Abrams Namen

Abram ging über das Land, das ihm und seinen Nachkommen gehören sollte. Dabei sah er die Kinder seiner Knechte und Mägde, und er sprach zu sich selber: „Wie sollen Sarai und ich noch einen Sohn bekommen?" Gott sah, wie Abram schwer von Gedanken dahinging, und er sagte: „Die Menschen brauchen Zeichen und Wunder, sonst wird ihr Glaube schwach. Also will ich dem Abram ein Zeichen geben, damit es ihm leichter fällt zu glauben."

Er rief den Abram und sprach zu ihm: „Ich will einen ewigen Bund mit dir und deinen Nachkommen schließen, und keine Macht der Welt wird uns auseinanderbringen können, wenn ihr nur fest zu diesem Bund steht. Ich weiß, das ist nicht leicht für euch, denn ihr seid schwach. Doch ihr braucht keine Angst zu haben, ich will Geduld mit euch haben und euren Glauben stützen. Ich habe dieses Volk aus vielen anderen auserwählt, damit es die Botschaft von der Erlösung all denen bringe, welche ohne Trost im schwarzen Schatten des Todes sitzen."

Abram verstand nicht alles, was Gott ihm sagte, aber er sprach zu sich: „Gott wird mir helfen, seine Worte zu verstehen." Und Gott fuhr fort und sagte: „Zum Zeichen, daß du viele Nachkommen haben wirst, will ich deinen Namen ändern. Du sollst nicht länger Abram heißen, sondern Abraham, das bedeutet: Vater vieler Völker. Auch deine Frau soll einen anderen Namen haben. Sarah soll sie heißen, das bedeutet: Königin, denn sie wird die Mutter vieler Könige sein."

Und Abraham lief schnell zu seiner Frau und nannte sie zum erstenmal Sarah.

Wie Sarah lachte

Eines Tages war es sehr heiß, und Abraham saß vor seinem Zelt im Schatten einer Eiche. Da kamen drei Männer des Wegs dahergezogen. Abraham dachte: „Gott will mir ein Zeichen geben", und er stand eilends auf, lief den drei Männern entgegen und betete zum Herrn: „Ich bitte dich, lasse diese deine Boten nicht vorübergehen." Zu den Männern sagte er: „Ihr werdet müde und hungrig sein. Ruht doch ein wenig aus." Und er rief die Mägde, sie sollten Wasser bringen und den Männern die staubigen Füße waschen. Dann lief er in sein Haus und sagte zu seiner Frau: „Backe schnell drei Brote und laß sie mit Butter und Milch nach draußen bringen. Wir haben Gäste, die hungrig sind und noch viele Meilen wandern müssen." Er selber schlachtete ein Kalb, und die Frauen brieten es. Die drei Männer aßen und tranken, und Abraham freute sich, daß es ihnen schmeckte.

Als sie gegessen hatten, fragte einer von ihnen: „Abraham, wo ist deine Frau Sarah?"

„Sie ist im Haus", erwiderte Abraham.

Der Mann sagte: „In einem Jahr wird Sarah einen Sohn haben."

Die drei Männer hatte Gott geschickt, um Abraham zu sagen, daß er bald schon Vater eines Jungen sein würde.

Sarah hatte an der Tür gelauscht. Als nun die Boten gegangen waren, fing sie laut an zu lachen und sagte: „Wie sollen wir noch ein Kind bekommen? Dazu sind wir doch viel zu alt!" Gott hatte alles mit angehört und sprach zu Abraham: „Warum hat deine Frau gelacht? Wißt ihr nicht, daß ich alles kann?" Sarah schämte sich und sagte: „Ich habe nicht gelacht." Doch Gott entgegnete: „Du lügst."

Sarah lachte nun nicht mehr, denn nach einiger Zeit spürte sie, daß die drei Männer die reine Wahrheit gesagt hatten.

Weil Sarah aber gelacht hatte, nannte man den Sohn Isaak, das heißt: Man lacht. Sarah sagte zu Abraham: „Ich will nie mehr lachen, wenn Gott uns Dinge verspricht, die unmöglich erscheinen. Gott kann alles, was er sich vornimmt, und wir können nur staunen."

Isaak soll geopfert werden

Gott sprach: „Der Mann, mit dem ich meinen Bund geschlossen habe, muß ganz fest sein im Glauben. Deshalb will ich den Abraham noch einmal prüfen, und ich will ihn härter prüfen als je zuvor." Er rief den Abraham und fragte ihn: „Hast du Isaak, deinen einzigen Sohn, sehr lieb?" Abraham antwortete: „Ich liebe ihn mehr als alles in der Welt." Gott sagte: „Nimm Isaak, gehe mit ihm ins Gebirge und bringe ihn mir als Opfer dar. Ich will dir zeigen, wo du ihn opfern sollst."
Abraham stand früh am Morgen auf, sattelte einen Esel und zog mit Isaak zum Fuß des Berges, den Gott für das Opfer ausgesucht hatte. Abraham nahm das Holz für das Brandopfer und legte es dem Isaak auf die Schultern. Er selber trug Messer und Feuer. Während sie so den Berg hinaufstiegen, sagte Isaak: „Vater, wir haben Holz und Feuer mitgebracht. Wo aber ist das Schaf, das wir Gott opfern wollen?" Abraham antwortete: „Mein Sohn, Gott selber wird das Schaf zum Brandopfer geben."
Als sie auf dem Gipfel des Berges angekommen waren, baute Abraham aus Steinen einen Altar und legte das Holz darauf. Er nahm einen Strick, band seinem Sohn Arme und Beine zusammen und legte ihn auf den Altar, so wie er schon manches Schaf auf einen Altar gelegt hatte, um es zu schlachten.

Gott will nicht den Tod Isaaks

Hierauf nahm Abraham das Messer, um seinen Sohn zu töten, aber da rief vom Himmel herab ein Bote Gottes: „Abraham, binde deinen Sohn Isaak los!" Als er Isaak losgebunden hatte, hörte er über sich noch einmal den Boten Gottes, der sprach: „Jetzt weiß ich, daß du Gott fürchtest, denn du warst bereit, deinen einzigen Sohn für ihn dahinzugeben."

Abraham blickte auf und sah einen Widder, der sich mit seinen Hörnern im Gestrüpp verfangen hatte. Den hatte Gott dahin getrieben. Abraham brachte ihn Gott zum Opfer dar.

Gott war froh, daß Abraham so treu war, und sprach zu ihm: „Weil du gehorsam warst, soll mein Segen immer bei dir sein. Deine Nachkommen will ich zahlreich machen wie die Sterne am Himmel und wie die Sandkörner am Meer. Du sollst über deine Feinde herrschen, und durch deine Nachkommen sollen alle Völker auf Erden gesegnet werden." Glücklich kehrten Abraham und Isaak nach Hause zurück.

Abraham und Sarah wurden sehr alt. Sarah starb zuerst. Abraham begrub sie an dem Platz, an dem der Bote Gottes ihnen die Geburt Isaaks angekündigt hatte. Als Abraham starb, begruben sie ihn wie einen König, denn wenn damals einer sehr alt wurde, sagten die Leute: „Den hat Gott besonders lieb."

Wie verschieden Jakob und Esau waren

Als Isaak vierzig Jahre alt war, heiratete er Rebekka. Die war sehr schön, aber man hörte sie selten lachen; denn die Jahre gingen dahin, und sie war noch immer ohne Kinder. Isaak dachte: „Deshalb will ich nicht traurig sein. Vielleicht geht es uns wie meinen Eltern. Die waren schon sehr alt, und doch schenkte ihnen Gott am Ende noch ein Kind." Er betete zu Gott: „Schenke uns einen Sohn, bevor wir sterben müssen." Gott erhörte sein Gebet, und bald bekam Rebekka sogar Zwillinge.

Als sie geboren wurden, nannte man den einen Esau und den anderen Jakob. Esau hatte eine rauhe Haut und wurde ein tüchtiger Jäger. Sein Bruder war dagegen ganz anders. Er war ruhiger, saß am liebsten drinnen und half seiner Mutter in der Küche. Isaak hatte Esau lieb, denn er aß gern Wild. Rebekka dagegen liebte den Jakob mehr.

Isaak segnet Jakob

Eines Tages war Jakob wieder in der Küche und rührte in einem Topf. Da kam Esau herein und fragte seinen Bruder: „Was kochst du da?" – „Linsensuppe", antwortete Jakob. Esau sagte: „Ei, die esse ich gern. Gib mir davon einen Teller. Ich bin müde und hungrig vom Jagen." Jakob erwiderte: „Du sollst einen Teller Linsensuppe haben. Dafür mußt du mir aber deine Erstgeburt verkaufen." – „Was meinst du damit?" fragte Esau, und Jakob antwortete: „Du bist vor mir geboren und hast deshalb mehr Rechte als ich. Willst du mir diese Rechte verkaufen?" Esau erwiderte: „Die kannst du haben. Was nützen mir meine Rechte? Ich habe fürchterlichen Hunger." Schon langte er nach dem Teller, doch Jakob hielt ihn zurück und sagte: „Zuerst mußt du mir schwören, daß du auf deine Rechte verzichtest." Esau schwor. Da gab Jakob ihm einen Teller Linsensuppe und Brot dazu. Esau aß, stand auf und ging wieder ins Feld hinaus, um zu jagen. Als er den ersten Hasen erblickte, hatte er den Handel mit seinem Bruder schon vergessen. Es lag ihm wenig daran, wie sein Großvater Abraham und auch sein Vater der Auserwählte Gottes zu sein. Ihm genügte es, wenn er einen Hasen erlegte und stets genug zu essen hatte.

Gott zeigte auf mancherlei Weise, daß er mit Isaak war. Andere gruben tiefe Brunnen in der Wüste, doch Wasser fanden sie nicht. Wenn Isaak dagegen nach Wasser grub, so fand er welches, und in seinem Hause brauchte keiner Durst zu leiden. Das sahen die anderen, die um ihn herum wohnten, und sie kamen zu Isaak und sprachen: „Wir sehen, daß Gott mit dir ist. Deshalb möchten wir dich zum Freund haben." Immer, wenn sie Isaak erblickten, sagten sie: „An ihm sieht man, daß Gott es gut meint mit den Menschen."

Als Isaak schon sehr alt war, da rief er eines Tages Esau zu sich und sprach: „Schieße im Feld ein Tier und brate es. Wenn ich gegessen habe, will ich dich segnen." Dieser letzte Segen war das Schönste, was Isaak seinem Sohn schenken konnte. Das aber nun wußte auch Rebekka. Sie hatte heimlich mit angehört, was ihr Mann zu Esau sagte. Schnell holte sie Jakob und sprach zu ihm: „Ich will, daß dein Vater dir den Segen gibt und nicht dem Esau. Bringe mir rasch das Fleisch von zwei jungen Schafböcken. Ich will es so zubereiten, daß dein Vater glaubt, er esse Fleisch von einem wilden Tier." Sie briet das Fleisch und schickte Jakob damit zu seinem Vater. Vorher hatte sie Jakob einen von Esaus Röcken angezogen und über seine Arme das Fell der jungen Böcke gestreift.

Isaak, der nicht mehr gut sehen konnte, betastete seinen Sohn und sagte: „Die Stimme ist Jakobs Stimme, die Arme aber sind Esaus Arme." Als Isaak gegessen hatte, zog er Jakob an sich und sprach: „Ich muß bald sterben. Deshalb will ich dir den Segen geben. Du wirst Herr über deinen Bruder sein, und ganze Völker werden dir dienen. Was aber das Größte ist: Gott wird immer mit dir sein."

Als Esau mit dem Wild kam und hörte, daß sein Bruder ihm zuvorgekommen war, schrie er: „Die Erstgeburt hat er mir abgekauft, jetzt hat er auch noch den Segen. Ich will ihn töten." Rebekka sagte zu Jakob: „Dein Bruder will dir ans Leben. Gehe eine Weile zu meinem Bruder Laban und suche dir eine Frau. Wenn Esau wieder ruhig geworden ist, kehrst du zurück, und wir feiern Hochzeit."

Eine Leiter reicht bis an den Himmel

Jakob machte sich auf den Weg zu seinem Onkel Laban. Der wohnte weit weg im Osten zwischen den breiten Strömen Euphrat und Tigris, und Jakob war sehr müde, als er einen Tag gewandert war. Als es dunkel wurde, kam er an einen Ort, wo viele große Steine lagen. „Hier will ich haltmachen und schlafen", sagte Jakob, legte seinen Kopf auf einen flachen Stein und war bald eingeschlafen.

Da hatte er einen Traum. Eine Leiter stand auf der Erde, die rührte mit der Spitze an den Himmel, und die Engel Gottes stiegen darauf auf und nieder. Oben am Ende der Leiter stand Gott und sprach zu Jakob: „Ich bin der Gott Abrahams und Isaaks, deines Vaters, und ich will auch mit dir sein. Das Land, auf dem du schläfst, soll dir und deinen Nachkommen gehören. Du sollst viele Kinder und Enkel haben, und durch dich und deine Nachkommen soll ein großer Segen über die Menschen kommen. Ich will dich beschützen auf allen deinen Wegen, und du sollst ohne Schaden wieder nach Hause zurückkehren, wenn du bei deinem Onkel Laban gewesen bist."

Als Jakob wach wurde, sagte er: „Mir ist, als wäre hier Gott zugegen." Und er fürchtete sich sehr und sprach: „Der Ort ist heilig, denn hier ist Gottes Haus und das Tor zum Himmel." Er stand eilends auf, goß Öl auf den Stein, auf den er seinen Kopf gelegt hatte, und sagte: „Dieser Stein soll alle Menschen daran erinnern, daß Gott mit mir gesprochen hat. Ich will die Stätte ‚Gottes Haus' nennen."

Ehe Jakob weiterzog, sagte er noch: „Nichts in der Welt soll mich von meinem Gott trennen, und ich will ihm den zehnten Teil von allem geben, was ich einmal besitzen werde. Über der Stelle, an der ich den Himmel offen gesehen habe, soll einmal ein Tempel stehen, und der Stein, auf dem ich gelegen habe, soll der Grundstein dazu sein."

Jakob hat auch in der Fremde Glück

Zwanzig Jahre lang hütete Jakob die Schafe seines Onkels Laban. Endlich kam Laban mit einer Herde angezogen und sagte: „Die gebe ich dir für deine Arbeit. Du sollst auch eine von meinen Töchtern haben. Suche dir eine aus." Jakob nahm die schöne Rahel zur Frau.

Jakobs Herde wurde immer größer. Laban war neidisch und sagte: „Warum hat Jakob mehr Glück mit den Tieren als ich?" Jakob merkte, daß Laban ihn mit finsteren Augen ansah, und er fragte Gott: „Was soll ich denn tun?" Gott antwortete ihm: „Nimm deine Familie und deine Herde und kehre nach Hause zurück." In der Nacht machte sich Jakob heimlich auf den Weg, doch je näher er der Heimat kam, desto mehr Angst bekam er. Denn er fürchtete sich vor seinem Bruder Esau. Da stand plötzlich ein Bote Gottes an seiner Seite und fragte ihn: „Wie heißt du?" Und er antwortete: „Jakob." Da sagte der Bote: „Ab heute sollst du nicht mehr Jakob heißen, sondern Israel." Jetzt wußte Jakob, daß Gott mit ihm und seinen Kindern noch viele große Dinge tun wollte, und er hatte keine Angst mehr und ging auf den Ort zu, wo sein Bruder Esau wohnte. Als Esau die fetten Schafe sah, die Jakob mitgebracht hatte, vergaß er allen Zorn und sagte: „Ihr könnt wieder bei uns wohnen."

Elf junge Männer verkaufen ihren Bruder

Jakob hatte zwölf Söhne. Von allen diesen liebte er jedoch den Joseph am meisten. Er ließ ihm die schönsten Röcke machen. Da wurden die Brüder Josephs neidisch und sprachen kein Wort mehr mit ihm.

Eines Tages sagte Joseph beim Essen: „Hört, was ich heute nacht geträumt habe. Wir banden Garben auf dem Feld. Da richtete sich meine Garbe auf, und eure Garben verneigten sich vor meiner Garbe." Da sprachen seine Brüder: „Willst du am Ende noch unser König werden?" Und sie gingen wütend fort. Jakob aber gefiel der Traum. Er sprach: „Sicher hat Gott ihm diesen Traum geschickt. Mir ist, als würde aus Joseph noch einmal etwas Großes werden."

Einmal nun trieben die Brüder Josephs die Schafe nach Sichem, weil dort mehr Gras war. Joseph aber blieb zu Hause. Bald darauf sagte Jakob zu Joseph: „Gehe nach Sichem und schaue, ob es deinen Brüdern und den Tieren gut geht."

Joseph machte sich auf den Weg. Als seine Brüder ihn von fern kommen sahen, wurden sie zornig und sprachen: „Jetzt kommt er sicher, um uns zu sagen, daß wir ab heute seine Knechte sind."

Als Joseph herangekommen war, zogen sie ihm seinen schönen bunten Rock aus, banden ihm Hände und Füße zusammen und warfen ihn in einen ausgetrockneten Brunnen. Dann tauchten sie Josephs Rock in das Blut einer Ziege und zeigten ihn Jakob. Der fragte: „Wo ist Joseph?" Die Brüder erwiderten: „Ein wildes Tier hat ihn gefressen." Sie logen, denn sie hatten Joseph an Reisende verkauft, die nach Ägypten zogen.

Joseph wird ein berühmter Mann

Als die Reisenden in Ägypten angekommen waren, verkauften sie Joseph an Potiphar, einen mächtigen Mann am Hof des ägyptischen Königs. Potiphar merkte bald, daß Joseph klug und fleißig war. Deshalb sprach er zu ihm: „Du sollst meinen Knechten und Mägden befehlen, und du kannst in meinem Haus tun und lassen, was du willst." Nun war Joseph nicht nur klug, er war auch schön, und daher sprach die Frau des Potiphar zu ihm: „Joseph, komm in meine Arme." Doch Joseph erwiderte: „Du hast doch einen Mann. Laß mich in Frieden." Potiphars Frau war schlecht. Sie sagte zu ihrem Mann: „Joseph hat mich angefaßt." Potiphar glaubte ihr und ließ Joseph ins Gefängnis werfen.
Eines Tages träumte der König, sieben schöne, fette Kühe stiegen aus dem Nil. Da kamen sieben häßliche, magere Kühe und fraßen die schönen, fetten Kühe auf.

Er hatte noch einen anderen Traum. Er sah, wie sieben dicke, volle Ähren aus einem einzigen Halm wuchsen. Da kamen sieben dünne, dürre Ähren und fraßen die sieben vollen Ähren auf. Niemand am Hof konnte dem König sagen, was die beiden Träume bedeuten sollten. Da sagte einer: „Joseph kann Träume deuten." Und sie holten ihn aus dem Gefängnis. Er sprach zum König: „Die sieben fetten Kühe und die sieben dicken Ähren sind sieben gute Jahre, die sieben mageren Kühe und die sieben dünnen Ähren sind dagegen sieben schlechte Jahre. Mit diesen Träumen will Gott dir sagen, was du tun mußt. Sieben Jahre werden die Felder viel Frucht tragen, dann wird sieben Jahre lang gar nichts wachsen. Was nun in den sieben fetten Jahren nicht gegessen wird, muß man in großen Speichern sammeln, damit die Leute zu essen haben, wenn die sieben schlimmen Jahre kommen."

Da nahm der König einen kostbaren Ring, steckte ihn Joseph an den Finger und sagte: „Sorge du dafür, daß die Leute keinen Hunger leiden müssen. Weil Gott durch deinen Mund gesprochen hat, soll dir ab heute jedermann gehorchen."

Als nun die sieben fetten Jahre kamen, ließ Joseph viel Korn in große Speicher fahren. Als dann sieben Jahre lang nichts auf den Feldern wuchs, ließ Joseph die Speicher öffnen und gab den Hungernden zu essen. Aus vielen Ländern kamen die Leute und kauften Korn in Ägypten. So brauchte niemand Hunger zu leiden.

Bis hinauf nach Kanaan erzählten die Leute, daß man in Ägypten Korn kaufen konnte. Also sprach Jakob zu seinen Söhnen: „Zieht auch ihr hinunter nach Ägypten und kauft Korn. Wir haben nämlich nichts mehr zu essen. Laßt aber Benjamin, den Jüngsten, hier zu Hause. Es könnte ihm auf der langen Reise ein Unglück zustoßen."
So zogen die zehn Brüder des Benjamin nach Ägypten. Sie wußten nicht, daß der Mann, der ihnen das Korn verkaufen sollte, Joseph war. Joseph aber hatte sie sofort erkannt, doch wollte er dies noch nicht zeigen. Er fuhr sie an: „Es geht euch nicht um Korn. Ihr seid nur hierhergekommen, um zu schauen, ob ihr nicht etwas stehlen könnt." Sie antworteten ihm: „Nein, Herr, wir sind gekommen, um Korn zu kaufen für uns, für unseren Vater und unseren kleinen Bruder Benjamin." Joseph sagte: „Wenn ich euch glauben soll, dann bringt mir den Benjamin. Damit ihr nun auch wiederkommt, bleibt einer von euch gefesselt in meinem Palast zurück." Schweren Herzens sahen sie zu, wie man den Simeon ins Gefängnis führte, und sie sprachen zueinander: „Das ist die Strafe dafür, daß wir unseren Bruder Joseph damals wie ein Tier verkauft haben."
Als sie nun zu ihrem Vater kamen, sagten sie ihm, daß sie den Benjamin nach Ägypten bringen mußten. Ihr Vater weinte und sprach: „Nun werde ich bald drei Söhne verloren haben. Joseph ist dahin, Simeon liegt im Gefängnis, und nun nehmen sie mir auch noch den Benjamin." Am Ende aber sagte er: „Nehmt dem harten Mann in Ägypten Geschenke mit und bringt mir nur Simeon und Benjamin wieder."
Sie brachten den kleinen Benjamin nach Ägypten. Endlich gab sich Joseph zu erkennen, und er fiel Benjamin um den Hals. Zu seinen älteren Brüdern sprach er: „Seht, wie gut es Gott mit uns meint. Er hat mich damals gerettet, damit ihr nicht Hungers sterben mußtet. Nun geht und holt unseren Vater. Wir wollen alle hier in Ägypten wohnen, bis Gott uns wieder heimführt in unser Land."
Jakob kam mit seiner ganzen Familie nach Ägypten. Bevor er starb, segnete er alle seine Söhne. Auch den Kindern Josephs gab er seinen Segen, dem Ephraim zuerst. Als Joseph das sah, sagte er zu seinem Vater: „Manesse ist der ältere. Warum segnest du ihn als letzten?" Jakob erwiderte: „Weil das Volk, das aus seinem jüngeren Bruder hervorgehen wird, größer ist als der Stamm Manesse." Dann starb er, und sie begruben ihn in Kanaan.
Die Brüder Josephs fürchteten, er werde sich jetzt an ihnen rächen wegen all des Bösen, das sie ihm in seiner Jugend angetan hatten. Joseph aber beruhigte sie und sagte: „Es hat sich alles zum Guten gewendet. Laßt uns den alten Streit vergessen."

Gott schickt Moses zum König von Ägypten

Als Joseph gestorben war, vergaßen die Ägypter bald, was er für ihr Land getan hatte. Sie schimpften: „Er hat uns das fremde Volk hierhergebracht. Seht nur, wie viele Kinder sie haben! Bald werden sie unsere Herren sein.“ Da befahl der König seinen Soldaten: „Werft alle Söhne der Israeliten ins Wasser. Ihre Väter aber sollen schwere Steine schleppen und für uns Paläste bauen.“

Eine junge Frau, die eben einen Sohn geboren hatte, sagte: „Sie sollen ihn nicht ins Wasser werfen. Ich will ihn in ein Kästchen legen und im Schilf verstecken.“ Zufällig badete die Tochter des Königs im Fluß, und sie fand das Kind, brachte es nach Hause und zog es auf. Sie nannte es Moses, das heißt: aus dem Wasser gezogen.

Als Moses groß und stark geworden war, wollte er einmal einem Israeliten helfen, der von einem Ägypter schwer geschlagen wurde. Dabei traf Moses den Ägypter so schwer am Kopf, daß dieser tot zu Boden sank. Einer hatte das mit angesehen.

Moses fürchtete nun, dieser Mann werde zum König gehen und sagen: „Moses hat einen Ägypter totgeschlagen." Deshalb floh er eilends nach Midian. Dort blieb er und heiratete die Tochter eines reichen Bauern. Tagsüber hütete er die Schafe.
Schon hatte Gott auf ihn herabgeblickt. Gott sprach: „Ich will den Moses zum Retter seines und meines Volkes machen."
Einmal, als Moses die Schafe am Berge Horeb hütete, erblickte er vor sich einen Dornstrauch, der in Flammen stand. Doch die Dornen verbrannten nicht. Da hörte er aus dem Strauch eine Stimme: „Komm nicht näher, sondern ziehe deine Schuhe aus, denn der Ort, an dem du stehst, ist heilig." Da wußte Moses, daß er mit Gott sprach. Wieder kam aus dem Strauch die Stimme Gottes: „Moses, geh zum König von Ägypten, und sage ihm, er soll mein Volk ziehen lassen." Moses antwortete ihm: „Der König wird mich auslachen, und die Israeliten müssen dann noch härter arbeiten." Gott sprach: „Geh nur zum König. Wenn er euch nicht ziehen läßt, dann werde ich dem König zeigen, daß ich der HERR bin."
Der König lachte den Moses aus und schrie: „Ihr bleibt hier!" Da wurde alles Wasser im Land rot wie Blut, und die Fische starben. Dann schickte Gott Mückenschwärme auf Mensch und Tier herunter. Doch der König sagte immer noch: „Ich lasse sie nicht ziehen!" Da sprach Gott: „Alle Menschen und Tiere in Ägypten sollen die schwarzen Pocken haben." Doch immer noch blieb der König hart. Da fraßen riesige Heuschrekkenschwärme die Felder kahl. Endlich sagte Gott: „Es hilft alles nichts. Jetzt sollen in Ägypten alle Söhne sterben, die in einem Haus als erste geboren wurden."

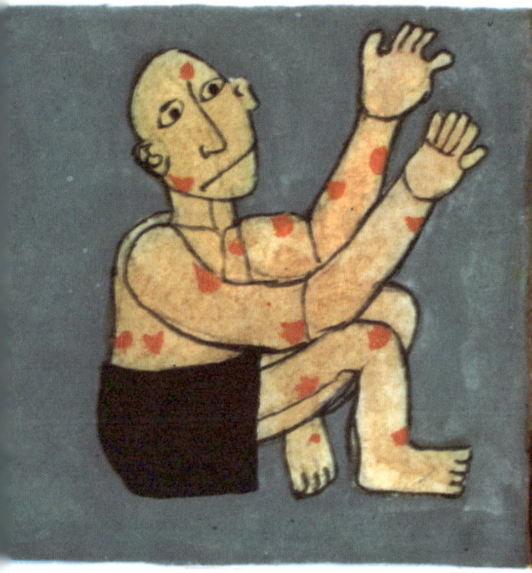

Die Israeliten essen das Ostermahl

„Wann aber wirst du die erstgeborenen Söhne der Ägypter töten?“ fragte Moses, und Gott antwortete: „Am zehnten Tag des ersten Monats soll jede Familie der Israeliten eine junge Ziege oder ein Schäfchen schlachten. Es muß aber ein Böckchen sein und nicht älter als ein Jahr. Nehmt von dem Blut und bestreicht damit die Pfosten der Türen. Wenn dann Boten Gottes kommen, um die Söhne der Ägypter zu erwürgen, dann wissen sie, daß in diesen Häusern Israeliten wohnen, und euren Kindern werden sie nichts tun. Eßt das gebratene Fleisch mit ungesäuertem Brot und mit bitteren Kräutern, und laßt beim Essen eure Schuhe an wie Wanderer, die es eilig haben. Dieses Ostermahl sollt ihr jedes Jahr am selben Tage feiern, damit ihr nie vergeßt, daß euer Gott euch aus den Händen der Ägypter befreit und euch nach Hause geführt hat.“

Die Israeliten dankten Gott und liefen in ihre Häuser. Während sie nun das Osterlamm aßen, hörten sie in den Häusern der Ägypter laute Schreie. In jedem Hause lag ein Toter. Da kam der Pharao herbeigelaufen und sprach zu Moses: „Zieht, so schnell ihr könnt, aus unserem Land, sonst müssen wir noch alle sterben. Nehmt eure Herden mit, und wir geben euch noch obendrein von unserem Gold und Silber. Zieht nur fort!“

Jetzt verstanden die Israeliten, warum Gott gesagt hatte: „Laßt beim Essen eure Schuhe an.“ So standen sie vom Mahle auf und zogen noch mitten in der Nacht aus dem Lande der Ägypter, und sie schlugen die Rinder und die Schafe, die sich nicht beeilen wollten, mit langen Stöcken auf den Rücken. Sie sangen Lieder, aber sie hatten immer noch Angst vor den Ägyptern. Moses ging an der Spitze des Zuges.

Die Ägypter jagen hinter den Israeliten her

Gott sprach zu Moses: „Zieht nicht durch das Land der Philister." Moses antwortete: „Warum nicht? Der Weg ist doch kürzer." Gott erwiderte: „Ich weiß. Dennoch sollt ihr nicht durch das Land der Philister ziehen, denn die werden mit Beilen kommen und euch den Weg versperren. Wenn die Israeliten dann die Beile sehen, werden sie rufen: Hast du uns dazu aus Ägypten herausgeführt, daß die Philister uns hier mit ihren Beilen erschlagen?" – „Gut", sagte Moses, „welchen Weg sollen wir aber dann nehmen?" Gott sprach zu ihm: „Zieht durch die Wüste. Dort braucht ihr niemanden zu fürchten." Doch Moses fragte: „Wer zeigt uns aber den Weg?" – „Sei unbesorgt", entgegnete Gott, „ich will immer vor euch herziehen." Moses fragte: „Wie können wir dich aber erkennen?" Und Gott sagte: „Am Tage ziehe ich in einer großen Wolke vor euch her, zur Nacht in einer Feuersäule. So könnt ihr mich immer sehen, und ihr braucht keine Angst zu haben."

Also zogen die Israeliten durch die Wüste. Am Abend sprach Gott zu Moses: „Am Osterfest habe ich die Söhne der Ägypter getötet, eure Kinder aber habe ich geschont. Wenn ihr nun bald in dem Lande sein werdet, das ich euch verheißen habe, sollt ihr alle Söhne, die in jeder Familie zuerst geboren werden, mir schenken. Zum Zeichen, daß ihr sie mir zum Geschenk macht, sollt ihr ein kleines Tier schlachten und auf dem Altar opfern. Wenn dann eure Kinder fragen: Warum tut ihr das?, dann sollt ihr zur Antwort geben: Das tun wir zur Erinnerung an den Tag, an dem Gott uns aus den Händen der wütenden Ägypter befreit hat."

Endlich kamen die Israeliten an das Rote Meer. Dort blieb die Wolke stehen, und so wußten sie, daß sie hier rasten sollten.

Inzwischen liefen viele Leute zum König von Ägypten und riefen: „Pharao, warum hast du die Israeliten ziehen lassen? Jetzt müssen wir alle schwere Arbeit selber tun." Der Pharao antwortete: „Sie werden sich in der Wüste verirrt haben und jämmerlich zugrunde gehen." – „Das glauben wir nicht", erwiderten die Leute. Da wurde der Pharao wütend und schrie: „Wir wollen nachsehen, ob sie noch leben." Und er rief alle seine Soldaten zusammen, und so fuhren sie in schnellen Wagen hinter den Israeliten her. Der Pharao rief: „Ich will ihnen zeigen, daß ihr Gott den König von Ägypten nicht besiegen kann."

Gott sprach zu Moses: „Hörst du das Rasseln hinten in der Wüste? Das ist der Pharao mit seinen Soldaten. Sie kommen immer näher." Moses sagte: „Dann sind wir allesamt verloren." Gott aber sprach zu ihm: „Ist dein Glaube so klein? Weißt du nicht, daß ich stärker bin als alle Könige dieser Erde zusammen? Sie haben alle Macht von mir, und ich kann sie ihnen wieder nehmen. Der Pharao hat gerufen, daß er mich besiegen kann. Ich will ihm aber zeigen, daß ich der HERR bin." Moses fragte: „Was sollen wir tun?" Und Gott antwortete: „Ihr sollt auf meine Kraft vertrauen."
Da tauchten aber schon die ersten Wagen der Ägypter in der Ferne auf, und die Israeliten riefen: „Moses, warum hast du uns aus Ägypten herausgeführt? Dort gab es genügend Gräber für uns, wenn uns die Aufseher mit Peitschen totgeschlagen hätten. Jetzt kommen sie uns nach und stechen uns hier tot, und den langen, fürchterlichen Weg durch die heiße, wasserlose Wüste sind wir ganz umsonst gegangen." Moses wollte sie beruhigen, doch sie riefen nur noch lauter: „Hatten wir dir nicht schon in Ägypten gesagt, du solltest uns in Frieden lassen mit deinem Gott? Es wäre besser gewesen, wir wären in Ägypten geblieben. Wenn auch die Arbeit in den Steinbrüchen hart war, wir hätten vielleicht doch ein wenig länger leben können."
Moses zeigte auf die Wolke, in der Gott verborgen war, aber die Leute starrten nur auf die Ägypter, die immer näher kamen, und sie jammerten und schrien: „Jetzt ist es mit uns zu Ende." Moses aber rief: „Fürchtet euch nicht. Gleich wird der HERR, der Ich-bin-da, euch zeigen, daß er mit euch ist."

Eine Straße führt mitten durch das Meer

In höchster Not schrie Moses zum HERRN: „Was soll ich tun? Die Ägypter sind schon heran." Gott sprach zu ihm: „Siehst du das Meer da in der Nähe? Geh ans Ufer und halte deinen Stock über das Wasser. Dann werden sich die Wellen teilen, und ihr könnt trockenen Fußes ans andere Ufer gehen."
Moses hob den Stock, und schon fuhr ein starker Wind daher und trocknete den Weg zwischen den hohen Wellen. Die Israeliten gingen ruhig ans andere Ufer.
Da fuhren die Wagen der Ägypter das Ufer hinunter in das Meer. Als sie in der Mitte waren, ließ Gott die Räder von ihren Wagen fallen. So blieben die Ägypter stecken, und alles Fluchen half nichts. Da rief Gott dem Moses zu: „Wenn der letzte Israelit am anderen Ufer angekommen ist, strecke deine Hand über das Meer aus. Dann werden die Wellen über den Ägyptern zusammenschlagen, und keiner von ihnen soll gerettet werden."
Moses streckte seine Hand aus, und die Wellen stürzten auf die Ägypter herab. Die schrien: „Wir wollen eilends fliehen. Gott ist mit den Israeliten." Doch zum Fliehen war es schon zu spät. Sie schwammen um ihr Leben, aber keiner erreichte mehr das Ufer. Als die Israeliten das sahen, sprachen sie: „Unser Gott ist groß. Wieder hat er uns geholfen, und wir wollen fortan alles glauben, was er sagt." Zu Moses sagten sie: „Wir haben gesehen, daß Gott mit dir ist. Deshalb wollen wir dir folgen, wohin du uns führen willst."

Mirjam singt ein Lied

Da rief Moses das ganze Volk zusammen und sprach: „Gott hat uns aus großer Not gerettet, deshalb wollen wir ihm ein Danklied singen." Und er sagte zu Mirjam: „Du kannst die Pauke schlagen. Mache Musik und tanze mit den anderen Frauen, dazu wollen wir alle singen: Gott ist unsere Stärke, und ohne ihn können wir nichts tun. Roß und Reiter hat er ins Meer geworfen. Der Herr ist ein Kriegsheld, Ich-bin-da ist sein Name. Er hat Gewalt über Wind und Wellen, und kein Gott ist unserem Gott gleich. Unser Gott ist heilig, er wirkt viele Wunder, und er ist treu. Er verläßt sein Volk nicht, sondern beschützet es auf allen seinen Wegen." Mirjam sang lauter als die anderen und schlug dazu auf die Pauke: „Laßt uns dem Herrn ein Lied singen, denn er hat eine herrliche Tat getan. Pferd und Reiter hat er ins tiefe Meer gestürzt."

Hierauf zogen sie weiter durch die Wüste dem Land entgegen, das Gott für sie bereitet hatte. Drei Tage lang suchten sie Wasser zum Trinken, aber sie fanden keins, und ihr Durst wurde von Augenblick zu Augenblick schlimmer. Endlich kamen sie an einen Brunnen in Mara. Aber sie konnten sein Wasser nicht trinken, denn es war sehr bitter. Da kamen die Leute zu Moses und fragten: „Was sollen wir trinken?" Moses schrie zum Herrn: „Laß uns nicht verdursten!" Gott sprach zu ihm: „Nimm den Pfahl, der hinten an der Mauer steht, und halte ihn in den Brunnen." Das tat Moses, und das Wasser wurde süß. So hatten alle genug zu trinken.

Da sprach Moses zu sich selber: „Sie sind wie die Kinder. Geht es ihnen gut, dann lachen sie, schickt ihnen der HERR aber ein Unglück, dann wollen sie nichts mehr von ihm wissen. Sie haben keine Ordnung in ihrer Arbeit und in ihren Gedanken. Sie brauchen aber eine feste Ordnung, und Gott wird sie ihnen durch meinen Mund verkünden." Um sie auf diese Ordnung vorzubereiten, fragte Moses die Leute: „Werdet ihr tun, was Gott von euch fordert? Wer seine Gebote hält, den wird er retten aus aller Not." Die Leute sagten nicht ja und nicht nein, und so zogen sie weiter. Am Ende kamen sie nach Elim. Dort waren zwölf Wasserbrunnen und siebzig Palmen, und sie tranken und ruhten sich aus.

Gott gibt seinem Volk zu essen

Als sie nun wieder ein Stück Wegs gezogen waren, kamen die Leute zu Moses und murrten: „Wir haben nichts mehr zu essen. Warum sind wir nicht in Ägypten geblieben? Dort gab es Brot und Fleisch in Fülle."

Gott hörte ihr Jammern und sprach zu Moses: „Sie sollen keinen Hunger leiden. Deshalb will ich am Abend fette Vögel vom Himmel fallen lassen, und am Morgen werden sie auf dem Boden Brote finden, die schmecken süß wie Honigkuchen. Ein jeder soll aber nur so viel nehmen, wie er an einem Tag essen kann. Nur am sechsten Tag dürft ihr auch für den siebten Tag Brot und Fleisch aufheben. Denn der siebte Tag ist Ruhetag. Gehe hin und sage den Leuten, daß sie auf mich vertrauen und auf meine Worte hören sollen."

Moses rief die Leute zusammen und sagte ihnen alles, was Gott ihm aufgetragen hatte. Und gegen Abend kam ein Schar fetter Vögel geflogen, und ihr Fleisch war köstlich. Am Morgen aber fanden sie in der Wüste feines, weißes Brot, und sie aßen davon und sprachen: „So gut sind nicht einmal Honigkuchen."

Da waren aber einige, die sagten: „Wer weiß, ob morgen auch noch Fleisch und Brot vom Himmel regnen werden. Wir wollen uns Vorrat für ein paar Tage schaffen." Gott hörte das und sprach: „Sie haben kein Vertrauen. Deshalb sollen Würmer ihre Vorräte zerstören." Und so mußten die Ängstlichen das Fleisch und Brot, das sie zuviel genommen hatten, fortwerfen, denn es stank fürchterlich und wimmelte von Würmern. Was sie aber für den siebten Tag aufhoben, das verdarb nicht, denn am siebten Tag ließ Gott kein Fleisch und Brot vom Himmel regnen.

Aber wieder sprachen einige: „Wir wollen hinausgehen und schauen, ob wir nicht dennoch Fleisch und Brot finden. Es könnte sein, daß Gott uns morgen und übermorgen nichts herunterschickt." Und so gingen sie am Ruhetag aufs Feld hinaus, aber sie fanden keine Speise.

Gott sah, wie sie ängstlich Speise suchten, und er sprach zu Moses: „Wann werden sie endlich tun, was ich ihnen sage? Ist ihr Glaube denn so schwach? Haben sie immer noch nicht begriffen, daß ich ihr Vater bin? Und sorgt ein Vater nicht für seine Kinder?"

Es dauerte nicht lange, da kamen die Leute wieder zu Moses und beklagten sich: „In Ägypten hatten wir genug zu trinken. Hier in der Wüste müssen wir nun verdursten."

Gott hörte ihre Klagen und sprach zu Moses: „Nimm den Stock, den du über das Rote Meer gehalten hast, geh zu einem Felsen am Berg Horeb und schlage mit dem Stock darauf." Er schlug mit dem Stock auf den Felsen, und es kam Wasser herausgequollen. Alle tranken.

Moses rief: „Wieder einmal wolltet ihr nicht glauben, daß Gott immer bei uns ist. Deshalb soll dieser Ort Massa und Meriba heißen. Das bedeutet: Ist der HERR unter uns oder ist er es nicht?"

Moses setzt Richter ein

Als der Schwiegervater des Moses in Midian hörte, daß Gott sein Volk heimführte, da kam er in die Wüste, und er sprach zu Moses: „Ich will dem HERRN, unserem Gott, für eure Rettung danken. Nun weiß ich, daß der HERR größer ist als alle Götter." Und er baute einen Altar aus Steinen und brachte dem HERRN ein Brandopfer dar.

Am anderen Morgen setzte sich Moses hin, um Recht zu sprechen. Er rief: „Alle, die Streit miteinander haben, sollen zu mir kommen, denn heute ist Gerichtstag." Und so kamen viele Leute mit ihren Klagen, und sie stritten sich vor dem Stuhl, auf dem Moses, der Richter, saß. Moses hörte sie geduldig an, versuchte Frieden zu stiften, und wenn dies nicht gelang, bestrafte er die Übeltäter. Viele Leute kamen zu ihm, und Moses konnte kaum noch auf seinem Stuhl sitzen, so müde war er inzwischen geworden. Da trat sein Schwiegervater hinzu und fragte: „Warum bist du so müde?" Und Moses antwortete: „Sie alle kommen, um mich um Rat zu fragen, und ich kann doch keinen fortschicken, denn es soll Friede sein in unserem Lager." Da sprach sein Schwiegervater: „Es ist gut, daß du Frieden stiften willst, denn das gefällt dem HERRN. Aber du kannst das nicht allein tun. Du selber wirst müde, und auch die Leute werden müde, wenn sie so lange warten müssen. Schau, es gibt unter ihnen viele erfahrene Männer. Warum wählst du nicht einige von ihnen aus und läßt sie Frieden stiften? Den besten von ihnen setzt du über tausend Leute, einen anderen über hundert und wieder andere über zehn Leute. So wird niemand müde, und man kann besser Ordnung halten im Volke." Moses fragte seinen Schwiegervater: „Und was soll ich tun?" Sein Schwiegervater erwiderte: „Wenn die Richter, welche du auswählen wirst, einmal ratlos sind, dann sollen sie zu dir kommen und dich um Rat fragen." – „Gut", sagte darauf Moses, „aber was tue ich, wenn sie gegangen sind und noch viel Zeit ist bis zum Abend?" Darauf entgegnete der Schwiegervater des Moses: „Bleibe Gott immerfort nahe und sprich mit ihm über sein auserwähltes Volk. Verkünde den Leuten Gottes Willen und sorge dafür, daß sie den HERRN nicht einen Augenblick lang vergessen."

Moses fand den Ratschlag seines Schwiegervaters gut, und er suchte Richter aus, die ihm helfen sollten, im Volk den Frieden zu bewahren. Sein Schwiegervater aber kehrte nach Midian zurück und lobte Gott bis ans Ende seines Lebens.

Nachdem die Israeliten drei Monate lang durch die Wüste gezogen waren, kamen sie an den Berg Sinai. Moses sprach zum Volk: „Hier wollen wir rasten. Ich aber gehe jetzt den Berg hinauf und spreche mit dem HERRN."

Als er auf dem Gipfel des Berges angekommen war, hörte er Gottes Stimme über sich, die sprach: „Gehe hinunter zu meinem Volk und sage ihm, daß es meinem Herzen näher ist als alle Völker der Erde."

Moses sagte dies dem Volk, und die Leute riefen: „Wir glauben, daß der HERR mit dir gesprochen hat, und wir wollen alles tun, was er von uns verlangt."

Gott sprach zu Moses: „Sage den Leuten, daß ich in drei Tagen auf dem Berg Sinai feierlich mein Gesetz verkünden werde. Damit sie sehen, daß ich mit dir spreche, will ich in einer dicken Wolke über dem Berg erscheinen. Ihr habt zwei Tage Zeit, um euch auf diese Stunde vorzubereiten. Ihr sollt euch waschen und eure besten Kleider anziehen. Sorge aber dafür, daß niemand außer dir zu nahe an den Berg herantritt, denn wer den Berg berührt, muß sterben."

Als nun der dritte Tag gekommen war, da hörte man ein Donnern in der Luft. Über dem Berg erschien auch schon die Wolke. Moses führte das Volk in die Nähe des Berges und sprach: „Wartet hier, bis ich wiederkomme. Heute ist ein großer Tag. Gott sagt den Menschen deutlich, was sein Wille ist. Unser Gott ist nämlich kein stummer Gott. Er redet mit den Menschen. Aber ihr müßt auch zuhören, wenn er zu euch spricht." Moses wußte, daß die Leute oft nur mit halbem Ohr zuhörten, wenn Gott zu ihnen sprach. Heute nun sollten sie ganz aufmerksam sein.

Gott verkündet sein Gesetz

Als Moses noch mit den Leuten sprach, hörte man einen hohen Ton. Es war, als hätte einer die Posaune geblasen. Da wußte Moses, daß der HERR jetzt zu ihm sprechen wollte, und langsam stieg er den Berg hinauf.

Als Moses nun oben auf dem Berge stand, da sprach Gott zu ihm: „Jetzt will ich mein Gebot verkünden. Tritt nachher vor das Volk und sage: So spricht Gott:

Ich bin der HERR, dein Gott, der dich aus Ägypten herausgeführt hat.

Du sollst keine anderen Götter neben mir haben.

Du sollst von deinem Gott kein Bild malen und keine Figur schnitzen.

Du sollst überhaupt keine Bilder machen und sie anbeten.

Du sollst den Namen Gottes nicht im Scherz aussprechen und nicht zum Schein, denn der HERR wird die bestrafen, die mit seinem heiligen Namen Mißbrauch treiben.

Du sollst den Tag, welchen der HERR zum Ruhetag bestimmt hat, immerfort heilighalten. Denn in sechs Tagen hat Gott die Welt gemacht, am siebten Tage aber hat er sich ausgeruht und nicht gearbeitet. Also sollst auch du am siebten Tag nicht arbeiten, sondern an mich denken und zu mir beten.

Ehre deinen Vater und deine Mutter, auf daß du lange lebest in dem Land, das der HERR, dein Gott, dir geben will.

Du sollst nicht töten.

Wen du heiratest, dem sollst du bis zu deinem Tode treu sein.

Du sollst nicht lügen.

Du sollst nicht stehlen, was deinem Mitmenschen gehört, nicht seine Frau und nicht sein Geld. Du sollst ihm alles lassen, was er hat."

Als die Leute nun den Donner hörten und die riesige Wolke sahen, die über dem Berg stand, da wurden sie von Furcht ergriffen und liefen in die Wüste. Moses ging ihnen nach. Da sagten die Leute zu ihm: „Sprich du zu uns, dir wollen wir gehorchen. Nur Gott soll nicht mehr mit uns reden, denn wenn er redet, müssen wir vor Angst vergehen." Moses erwiderte: „Ihr braucht keine Angst zu haben. Gott ist heute unter Donner und Blitzen vor euch hingetreten, damit ihr seine Macht erkennt und nie mehr etwas gegen seinen Willen tut."

Und so kamen sie langsam wieder näher. Moses aber stieg noch einmal auf den Berg hinauf, und Gott sprach zu ihm: „Sage dem Volke: Also spricht der HERR: Ihr habt gesehen, daß ich vom Himmel herab mit euch geredet habe. Darum sollt ihr euch keine Götzenbilder machen. Ich allein bin euer Gott."

Gott gab den Israeliten noch viele andere Gesetze, denn er wollte, daß sie auch in den kleinen Dingen des täglichen Lebens Ordnung hielten. Sie sollten nämlich gesund in dem gelobten Land ankommen.

Was die Israeliten auch immer taten, sie sollten vor allem ihren Mitmenschen stets Gutes tun. So sprach Gott: „Wenn der Esel deines Feindes unter einer schweren Last zusammenbricht, so hilf ihm auf die Beine und bring ihn in seinen Stall. Wenn einer kein Recht bekommt, nur weil er arm ist, dann gehe du hin und sprich für ihn am Gerichtstag. Wenn einer mit Geschenken zu dir kommt und sagt: All das will ich dir schenken. Dafür mußt du aber schweigen, wenn ich Unrecht tue, dann jage ihn aus deinem Haus und bring ihn vor den Richter."

Die Israeliten tanzen um ein goldenes Kalb

Da nun Moses so lange auf dem Berge blieb, liefen die Leute zusammen und sagten: „Vielleicht ist ihm auf dem Berge oben ein Unglück zugestoßen. Wenn Moses uns nun nicht mehr führen kann, wollen wir neue Götter haben, die vor uns herziehen in der Wüste und uns den Weg zeigen in das gelobte Land."

Da rief einer von ihnen: „Bringt mir eure goldenen Ohrringe und eure Armbänder und Ketten. Ich will sie einschmelzen und daraus ein goldenes Kalb machen. Das soll unser neuer Gott sein und vor uns herziehen auf unserem Marsch durch fremdes Land." Und die Leute klatschten Beifall und brachten ihren Schmuck, und sie gossen aus dem Gold ein Kalb, so schön, wie sie es noch nie gesehen hatten. Dann bauten sie für das goldene Kalb einen Altar und sprachen: „Morgen wollen wir ein großes Fest feiern." Am anderen Morgen standen sie nun in aller Frühe auf, aßen und tranken und tanzten um das goldene Kalb herum.

Ihr Singen und Rufen drang aber an das Ohr Gottes, der noch immer mit Moses auf dem Berge sprach, und der HERR wurde zornig und sagte zu Moses: „Da siehst du, wie sie meine Gesetze achten. Ich hatte ihnen verboten, Götzenbilder zu machen, und schon tanzen sie um ein goldenes Kalb. Horch, wie sie schreien: Dieses Kalb ist unser Gott! Weil sie nun nicht auf mein Wort gehört haben, will ich sie allesamt vertilgen."

Doch Moses fiel vor dem HERRN auf die Knie nieder und flehte: „Halte noch einmal deinen Zorn zurück! Willst du, daß die Ägypter herbeigelaufen kommen und sagen: Seht, so ist ihr Gott! Er hat sie durch die Wüste ziehen lassen, um sie im Gebirge der Wut der Feinde auszuliefern. Willst du das, o HERR? Versuche es noch einmal mit uns! Denke an Abraham, Isaak und Jakob, denen du versprochen hast, daß du ihre Nachkommen so zahlreich machen willst wie die Sterne am Himmel." Da sprach Gott: „Ich will sie leben lassen. Doch steige rasch hinab und sage ihnen, daß sie sich bessern sollen." Moses dankte dem HERRN und eilte hinunter in die Ebene.

Moses fragte die Leute: „Warum habt ihr das goldene Kalb in eurer Mitte aufgestellt?“ Und sie antworteten: „Wir wollten neue Götter haben.“ Da wurde Moses zornig und schrie: „So also haltet ihr die Gebote Gottes! Um ein Haar hätte der HERR euch alle sterben lassen. Ich habe ihn angefleht, euch noch einmal zu schonen.“ Dann stieß er das goldene Kalb von dem Altar hinunter, rieb das Gold zu feinem Staub und warf den Staub ins Wasser. Alle aber, die dem HERRN untreu geworden waren, mußten zur Strafe dieses Wasser trinken.

Gott sprach zu Moses: „Sage den Leuten, sie sollen allen ihren Schmuck ablegen, damit sie nicht noch einmal ein Götzenbild daraus schmelzen.“

Moses aber dachte bei sich: „Sie sollen sehen, daß Gott immer in ihrer Nähe ist. Darum will ich draußen vor dem Lager ein Zelt errichten. Wer nun den HERRN durch mich etwas fragen will, für den muß ich in dieses Zelt gehen. Dort wird der HERR mir Antwort geben.“ Und Moses errichtete das Zelt weit draußen vor dem Lager. Wenn er aber zu dem Zelt hinausging, dann traten alle Leute aus den Hütten und schauten ihm nach, denn immer, wenn Moses mit dem HERRN sprach, stand eine Wolke über dem Eingang. Und wenn sie dann die Wolke sahen, verneigten sie sich und sagten: „Unser Gott.“

Moses sprach zum HERRN: „Warum kann ich nicht einmal dein Gesicht sehen?“ Gott antwortete ihm: „Wer mein Gesicht sieht, der muß sterben.“ Als Moses aber wieder ins Lager zurückkehrte, glänzte sein Gesicht. Da wußten die Leute, daß er mit Gott gesprochen hatte. Mitten unter den Leuten stand ein junger Mann mit Namen Josua. Moses sagte: „Wenn ich einmal tot bin, soll Josua euch führen.“

Die Israeliten bekommen einen Priester

Gott sprach zu Moses: „Vierzig Jahre lang müßt ihr wandern, bis ihr in das Land kommt, daß ich für euch ausgesucht habe. Das ist eine lange Zeit. Damit ihr mich nun nicht vergeßt, sollt ihr etwas bei euch tragen, was euch stets an mich erinnert." Moses fragte: „Was sollen wir denn mit uns tragen?" Gott antwortete: „Macht eine Lade aus Akazienholz und überzieht sie innen und außen mit feinem Gold. An jeder Seite sollen zwei Stangen sein, damit man die Lade tragen kann. Oben auf die Lade setzt einen niedrigen Thron, den sollen zwei goldene Engel mit ihren Flügeln schirmen. Auf diesem Thron will ich unsichtbar sitzen, wenn ich mit euch rede. In die Lade sollt ihr die Steintafeln legen, auf denen mein Gesetz aufgeschrieben ist. Auf einem Tisch müssen immer ein paar Brote liegen, und ein siebenarmiger Leuchter soll zu meiner Ehre brennen."

Moses ging von Zelt zu Zelt und sammelte Gold. Dann machten sie die Bundeslade, den siebenarmigen Leuchter und noch andere Geräte, die sie beim Gottesdienst gebrauchten.

Da sprach Gott: „Ihr sollt einen Priester haben, der das Opfer darbringt." Moses fragte: „Wer soll aber Priester sein?" Gott erwiderte ihm: „Dein Bruder Aaron soll der erste Priester sein, und wenn er tot ist, sollen seine Söhne das Opfer darbringen." Moses salbte den Aaron und seine Söhne und weihte sie zu Priestern.

Als sie nun das erste Opfer darbrachten, da erschien die Wolke über der Bundeslade, und da wußten sie, daß der HERR ihr Werk segnete und unsichtbar auf dem Thron saß. Wenn nun die Wolke in den Himmel stieg, dann zogen sie weiter. Sobald sie sich heruntersenkte, machten sie halt und ruhten sich aus.

Die Israeliten erreichen das gelobte Land

So näherte sich das Volk Gottes allmählich dem Land, das der HERR ausgesucht hatte von Anfang an. Balak, der König der Moabiter, sagte: „Sie sind gekommen, um alles aufzuessen, was wir haben. Holt den Bileam, der am Fluß wohnt. Er soll dieses Volk verfluchen."
In der Nacht sprach Gott zu Bileam: „Verfluche die Israeliten nicht. Sie sind gesegnet."
Bileam wußte nicht, was er tun sollte. Am Ende setzte er sich auf seinen Esel und ritt in die Berge hinauf. In einem Hohlweg wollte der Esel nicht weitergehen, und Bileam schlug ihn mit dem Stock. Da öffnete Gott dem Bileam die Augen, und er sah vor sich einen Boten Gottes. Jetzt wußte er, warum der Esel stehengeblieben war. Da rief Bileam: „Verzeih mir, Gott, ich will sofort wieder umkehren." Doch der Bote Gottes sagte: „Reite zum König der Moabiter und sage ihm alles, was Gott dir ins Ohr flüstern wird."
Als der König Bileam herankommen sah, rief er: „Verfluche das Volk, das da unten am Fluß lagert." Bileam aber entgegnete ihm: „Wie könnte ich ein Volk verfluchen, welches der HERR tausendfach gesegnet hat?" Bileam schaute auf die Israeliten im Tal hinunter und sprach: „Dieses Volk wird aufstehen wie ein junger Löwe, und aus dem Volke Jakobs wird ein Stern aufgehen, der bis an die Enden der Erde leuchtet."
Gott sprach zu Moses: „Nun seid ihr am Ende eurer langen Reise. Du bist alt und schwach geworden, und bald werden sie dich zu Grabe tragen. Nimm Josua, stelle ihn vor die Priester und das Volk und sage ihnen, daß er ihr Führer sein wird."

Als Moses merkte, daß er bald sterben würde, rief er noch einmal das Volk zusammen und sprach: „Dies ist das erste und höchste Gebot: Du sollst den HERRN deinen Gott lieben mit deinem ganzen Herzen, mit deiner ganzen Seele und mit allen deinen Kräften. Diese Worte sollt ihr euren Kindern sagen, und ihr sollt darüber reden, wenn ihr im Hause oder auf der Reise seid. Schreibt sie an die Haustür, damit ihr sie nie vergesset, denn diese Worte sind Worte des Lebens. Haltet euch an den HERRN, denn alles, was er tut, ist recht. Gott ist treu, werdet also ihr nicht treulos." Da sprachen einige: „Traust du uns so wenig?" Und Moses antwortete: „Ihr habt euch immer gegen Gott gewendet, als ich noch lebte. Was werdet ihr erst tun, wenn ich einmal tot bin?" Und er rief die zwölf Stämme Israels zu sich und segnete einen nach dem anderen: Ruben, Juda, Simeon und Levi, Benjamin, Ephraim, Manasse, Sebulon, Isaschar, Naphtali, Gad, Dan und Asser.

Dann trug Josua den Sterbenden auf einen hohen Berg, der Jericho gegenüberlag und auf den Jordan hinunterblickte. Und Gott sprach zu ihm: „Schaue ein letztes Mal das Land, das ich Abraham, Isaak und Jakob versprochen habe. Du hast es nun gesehen, aber du sollst selber nicht mehr mit über den Jordan ziehen."

Gott selber begrub den Toten im Tal des Jordanflusses. Bis auf den heutigen Tag weiß niemand, wo er ihn begraben hat.

Moses war der größte Führer seines Volkes. Niemand außer ihm hatte Gott so nahegestanden, und niemand wirkte größere Wunder. Dreißig Tage lang beklagten die Israeliten seinen Tod, dann gingen sie vor das Zelt des Josua und sagten: „Ab heute sollst du unser Führer sein. Gott will es."

Was die Könige am Jordan zueinander sprachen

Gott sprach zu Josua: „Führe mein Volk über den Jordan. Am anderen Ufer ist das Land, das euch gehören soll." Josua aber fragte den HERRN: „Glaubst du, daß die Leute mir gehorchen werden?" Gott antwortete: „Sei ohne Furcht. Ich will ihnen zeigen, daß du der Mann bist, den ich zum Führer auserwählt habe. Wenn die Priester, welche die Bundeslade ans andere Ufer tragen sollen, ihren Fuß ins Wasser setzen werden, dann soll der Fluß haltmachen an eurer Seite, und ihr werdet trockenen Fußes durch das Flußbett gehen. Wenn ihr aber alle hindurchgegangen seid, dann will ich das Wasser wieder loslassen, und es fließt seine alte Bahn."
Und so zogen sie alle trockenen Fußes durch den Jordan. Zur Erinnerung an dieses Wunder holten starke Männer zwölf Steine aus dem Flußbett und legten sie am Ufer übereinander. Später, wenn Leute vorüberkamen und fragten: „Was ist das für ein Denkmal?", dann bekamen sie zur Antwort: „An dieser Stelle hat Gott sein Volk durch das Flußbett geführt, und sie sind nicht einmal naß geworden."
Als sie nun am anderen Ufer waren, sprachen die Leute zueinander: „Sind wir nun auch wirklich am Ende unserer Reise? Oder müssen wir gar noch weiterziehen? Wir sind so schrecklich müde." Gott hörte dies und sagte: „Ich will ihnen ein Zeichen geben, daß sie endlich angekommen sind." Und er ließ das süße Brot, das sie jeden Morgen auf dem Boden gefunden hatten, nicht mehr länger vom Himmel regnen. In dem neuen Land gab es genug zu essen, und voller Freude feierten sie nahe dem Denkmal am Fluß das erste Osterfest in ihrer neuen Heimat. Und Gott sprach zu Josua: „Sage den Leuten, daß sie meine Gesetze achten sollen. Wenn sie meinen Willen tun, soll es an meiner Hilfe nicht fehlen."
Einige Könige ringsumher sprachen zueinander: „Gott ist mit ihnen. Deshalb werden wir sie nicht vertreiben können."

Jericho wird erobert

Es gab aber auch Könige am Jordan, die sagten: „Wir lassen die Israeliten nicht in unsere Städte und in unser Land. Wenn sie kommen, schließen wir die Tore. Dann müssen sie draußen bleiben." Die stärkste dieser Städte war Jericho.
Als Josua sah, daß die Tore Jerichos verschlossen blieben, sprach er zum HERRN: „Wie können wir weiterziehen und das Land aufteilen, wenn in unserem Rücken starke Feinde sitzen? Wir müssen Jericho erobern, ehe wir weiterziehen können." Gott erwiderte: „Ich will Jericho in eure Hände geben." Josua fragte: „Was müssen wir denn tun?" Gott antwortete: „Laß alles Volk hinter der Bundeslade herziehen rund um die Stadt. Dabei sollen sieben Priester die Posaune blasen. Am siebten Tag nun sollt ihr siebenmal um die Stadt herumziehen. Wenn dann die Priester die Posaunen blasen, sollen alle ein lautes Kriegsgeschrei erheben, und von dem Lärm der Menschen und Posaunen werden die Mauern Jerichos zusammenfallen, als wären sie aus Papier. Dann stürmt in die Stadt hinein, und sie ist euer."
So eroberten sie Jericho am siebten Tag.
Und Josua sagte: „Niemand soll diese Stadt wieder aufbauen, denn Gott hat Jericho verbrannt."
Gott hatte zu Josua gesagt: „Alles Gold, das ihr in Jericho findet, sollt ihr zu dem Schatz legen, der dem HERRN allein gehört." Nun steckten aber einige Israeliten

Gold aus Jericho in ihre Taschen. Gott sah das und wurde zornig. Als sie nun eine andere Stadt erobern wollten, da kämpften sie vergebens, und Josua warf sich vor der Bundeslade nieder und rief zum HERRN: „In der Stadt, die wir erobern wollten, waren nur sechsunddreißig Männer. Die aber haben dreitausend von uns in die Flucht geschlagen. Wenn das die anderen Städte hören, werden sie alle über uns herfallen und schreien: Gott ist nicht mehr auf ihrer Seite. Nun wollen wir mit ihnen ein Ende machen."
Gott sprach zu ihm: „Sucht zuerst die Diebe und bestraft sie. Dann will ich euch wieder helfen." Und Josua fand die Diebe. Das Gold, das sie gestohlen hatten, lag unter einem Zelt verscharrt. Sie holten es ans Tageslicht und legten es zu dem Schatz, der Gott allein gehörte. Dann bestraften sie die Diebe, und Josua sagte: „Wenn ihr die Gesetze Gottes nicht achtet, sind wir verloren. Rings um uns her sitzen unsere Feinde, und nur Gott allein kann uns vor ihrer Wut beschützen."
Die Israeliten eroberten eine Stadt nach der anderen, und am Ende war das Land, das Gott ihnen versprochen hatte, ganz ihr Eigentum. Josua teilte alles Land unter die zwölf Stämme Israels auf.
Als Josua spürte, daß er sterben müsse, rief er das ganze Volk in Sichem zusammen und sprach: „Bald werde ich sterben. Vorher möchte ich euch noch einmal daran erinnern, daß Gott der HERR uns alles gegeben hat, was uns von ihm versprochen war. Ihr seid in Städte gekommen, die ihr nicht gebaut habt, ihr sammelt Trauben aus Weingärten, die ihr nicht gepflanzt habt, und dennoch gehören sie euch. Gott ist treu gewesen, sorgt ihr nun dafür, daß auch ihr ihm treu bleibt und seine Gebote haltet." Und alles Volk sprach: „Wir wollen nicht von ihm lassen."
Josua rief: „Zum Zeichen, daß ihr dem HERRN Treue geschworen habt, will ich einen großen Stein aufstellen lassen. Der soll euch allezeit an euer Versprechen erinnern."

Die Israeliten beten Götzenbilder an

Als Josua tot war, vergaßen die Israeliten, was sie dem HERRN geschworen hatten, und sie sagten: „Laßt uns die Götter anbeten, welche die Völker rings um uns herum anbeten." Einer dieser Götter hieß Baal, und die Israeliten fielen vor dem Standbild des Baal nieder und beteten ihn an.

Da schickte Gott einen seiner Boten, der sprach: „Habt ihr vergessen, daß der HERR euch aus Ägypten geführt und vor der Wut der Feinde bewahrt hat? Seid ihr so undankbar?" Die Leute hoben die Arme und jammerten: „Sage dem HERRN, daß wir uns bessern wollen." Und so kehrte der Bote Gottes zu dem HERRN zurück.

Doch sobald der Bote fort war, liefen die Israeliten wieder zu dem Standbild des Baal und brachten dem fremden Gott Opfer dar. Diesmal schickte der HERR keinen Engel mehr, sondern er sprach in seinem Zorn: „Weil sie immer wieder neue Götter suchen, will ich sie in die Hand ihrer Feinde geben." Und so fielen die Feinde über die Israeliten her, und das Volk Gottes mußte schwer arbeiten für seine Feinde. Da schrien die Israeliten zum HERRN: „Sende uns Männer, die uns aus der Hand unserer Feinde befreien. Dann wollen wir nie mehr fremden Göttern opfern." Und Gott schickte ihnen von Zeit zu Zeit starke Männer, welche den Feind besiegten und das Volk wieder auf den rechten Weg zurückbrachten. Man nannte diese Männer Richter.

Samson ist stärker als tausend Mann

Zwanzig Jahre lang war Samson Richter in Israel, und man vergaß ihn nicht so leicht, denn er war stärker als ein Riese. Noch bevor er geboren wurde, kam ein Bote Gottes zu seiner Mutter und sprach: „Dein Sohn wird Kräfte haben wie ein Bär, aber ihr dürft ihm nie die Haare schneiden, sonst wird er schwach und kann nicht einen Sack mehr heben."
Gott hatte den Samson dazu bestimmt, die Philister zu besiegen. Diese hatten den Israeliten schon viel Böses angetan. Einmal, im heißen Sommer, als das Korn schon reif war auf den Feldern, fing Samson dreihundert Füchse, band je zwei an den Schwänzen zusammen, zündete sie an und trieb sie in die Felder. Das trockene Korn fing Flammen, und im Nu verbrannte die ganze Ernte. Da kamen die Philister, um Samson zu töten. Der aber nahm den Kinnbacken eines Esels und schlug damit tausend Philister tot.
Schließlich verriet die Frau des Samson den Philistern, daß sie ihm nur die Haare abzuschneiden brauchten, um ihn zu besiegen. Also schnitten sie ihm die Haare ab. Im selben Augenblick verlor Samson alle Kraft. Sie stachen ihm die Augen aus und brachten ihn in eine Mühle, wo er Säcke schleppen mußte. Einmal feierten die Philister ein Fest. Auch Samson war im Saal. Er betete zu Gott: „Gib mir noch einmal meine Stärke." Gott erhörte sein Gebet. Samson schüttelte die Säulen, bis der Palast zusammenstürzte und alle Menschen unter sich begrub.

Die Israeliten wollen einen König haben

Als Samson tot war, wurden die Philister wieder mutiger, und am Ende stahlen sie gar die Bundeslade. Doch sie hatten daran keine Freude, denn wo immer die Bundeslade stand, da bekamen die Philister eine schwere Krankheit. Also brachten sie die Bundeslade zurück ins Land der Israeliten.

Als der Richter Samuel älter wurde, setzte er seine Söhne auf den Richterstuhl, doch die Söhne waren nicht gerecht. Wenn einer viel Geld hatte, sagten sie: „Der ist im Recht." Wenn aber ein Armer kam, um sein Recht zu suchen, dann sagten sie: „Der ist ein Bösewicht." Als die Israeliten sahen, daß Samuels Söhne Geld von den Reichen nahmen und die Armen auf die Straße jagten, gingen sie zu dem alten Samuel und sprachen: „Du bist stets ein guter und gerechter Richter gewesen, doch deine Söhne taugen nichts. Wäre es nicht besser, wir hätten einen König wie all die Völker ringsumher?" Samuel hörte dies nicht gern, und er wußte nicht, was er tun sollte. Deshalb fragte er Gott: „Sollen sie einen König haben?" Gott erwiderte: „Sie sind undankbar und wollen mich nicht mehr zum König haben. Also sollen sie einen König aus ihren Reihen haben, doch sage ihnen zuerst, was ein König von ihnen fordern kann."

Und Samuel trat vor das Volk und sprach: „Ihr wollt einen König haben, doch wißt ihr auch, was ein König von euch fordern wird? Er macht eure Söhne zu Soldaten. Er nimmt euch eure Felder und Weinberge und gibt sie seinen Knechten. Von allem, was ihr erntet, müßt ihr ihm den zehnten Teil geben. Und wenn ihr dann jammert und Gott bittet, den König doch hinwegzunehmen, werdet ihr vergebens schreien. Überlegt es euch also gut und sagt mir später, ob ihr einen König wollt."

Die Israeliten überlegten nicht lange und schrien: „Wir wollen einen König haben." Gott hörte das Geschrei und sprach zu Samuel: „Sie sollen ihren Willen haben."

Eines Tages nun sprach Gott zu ihm: „Gleich wird ein junger Mann zu dir kommen. Er sucht mit seinem Knecht zusammen nach ein paar Eseln, die seinem Vater fortgelaufen sind. Er wird dich fragen, ob du nicht weißt, wo die Esel weiden. Diesen jungen Mann sollst du zum König salben." Samuel fragte: „Wie heißt er denn?" Und Gott antwortete: „Er heißt Saul. Du wirst ihn gleich erkennen, denn er ist schöner und größer als alle Männer Israels." Bald kam Saul, und Samuel salbte ihn zum König. Saul zog gegen die Philister zu Felde und besiegte sie. Ein andermal, als Saul wieder in den Krieg zog, sprach Gott zu ihm: „Du wirst heute siegen, aber die besten Kühe und Schafe, welche ihr in den Ställen eurer Feinde finden werdet, sollt ihr mir opfern." Nachdem die Feinde aber besiegt waren, dachte Saul: „Die besten Tiere will ich meinen Leuten geben. Dann werden sie sagen: Wir haben einen guten König." Als aber Samuel sah, daß Saul die besten Tiere an seine Leute verschenkte, fuhr er ihn an: „Warum hältst du nicht, was du Gott versprochen hast? Du möchtest lieber deinen Leuten gefallen. Gott will nicht, daß du länger König bleibst. Ich muß jetzt hingehen und einen anderen König suchen."

Gott sprach zu Samuel: „Suche keinen König mehr, der schön und stolz ist. Nur sein Herz soll gut sein."

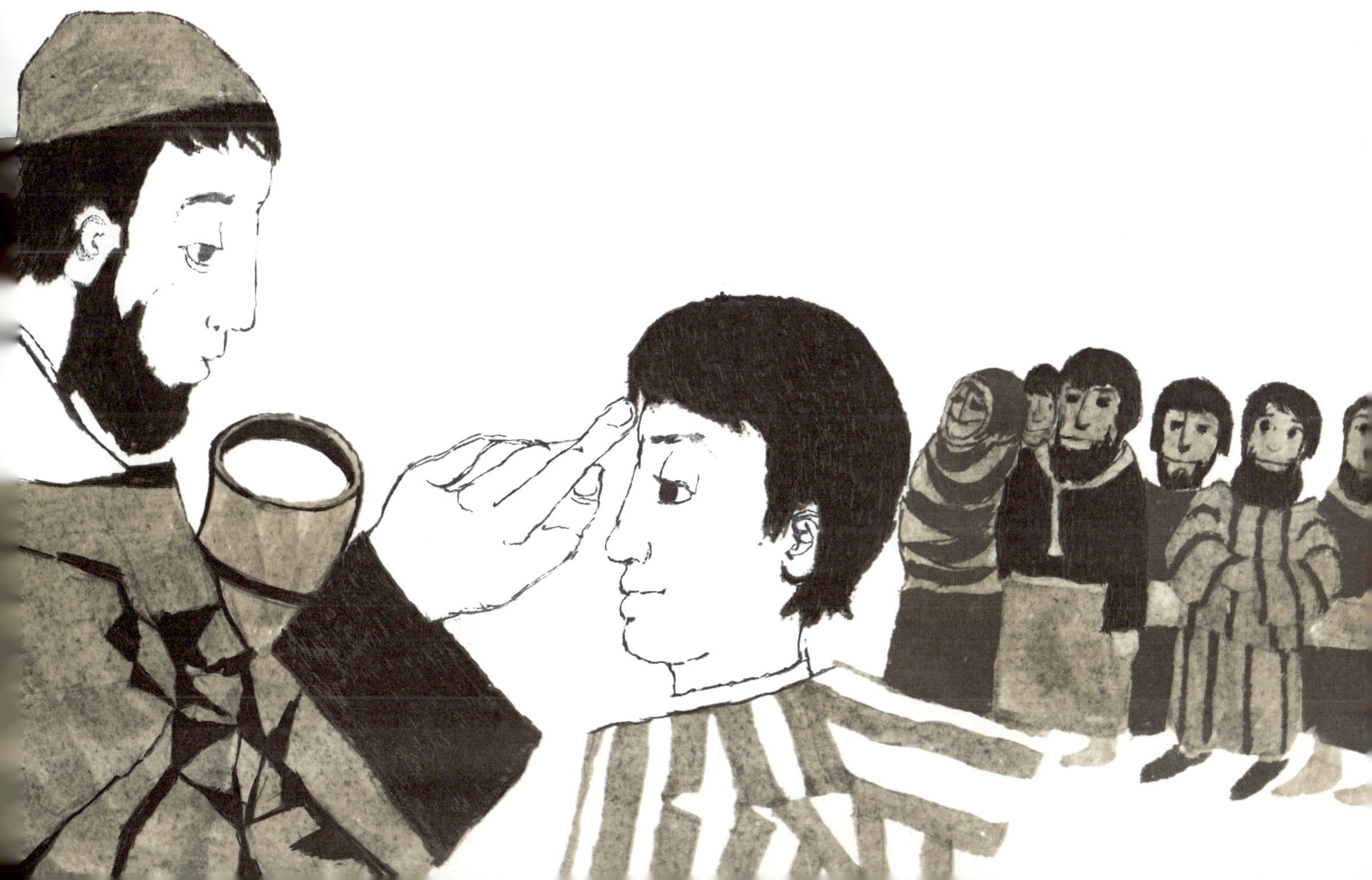

Gott will dem König David ein Haus bauen

Und Gott führte den Samuel auf eine Weide, wo der junge David die Schafe seines Vaters hütete. Gott sprach: „Dies ist der neue König Israels. Salbe ihn!" Und Samuel salbte David. Dem König Saul sagte er aber von alldem nichts.

Saul saß in diesen Tagen mit finsterem Gesicht auf seinem Thron und sprach kein Wort. Da fragte einer: „Was hat er denn?" Die Diener antworteten: „Er hat einen bösen Geist. Man müßte Musik machen, damit er wieder fröhlich wird." Und sie sprachen zu Saul: „Sollen wir dir einen Harfenspieler holen?" Saul sagte: „Holt mir einen Harfenspieler." Und sie brachten ihm den jungen David. Der saß nun vor dem Thron und spielte die Harfe, und der böse Geist war nicht in Saul, solange David spielte.

Wieder kamen die Philister mit einem großen Heer herangezogen, um die Israeliten aus ihren Städten und Dörfern zu vertreiben. An ihrer Spitze sah man einen Riesen, der hieß Goliath und war fürchterlich anzusehen. Der Riese schrie nun zu den Israeliten herüber: „Was sollen alle Soldaten kämpfen? Schickt mir einen Mann. Mit dem will ich kämpfen. Siegt euer Mann, wollen wir eure Knechte sein, siege ich aber, so seid ihr unsere Knechte."

Alle hatten Angst vor dem schrecklichen Riesen. Nur David zog ihm entgegen. Als Goliath den Jungen sah, rief er: „Ich zerdrücke dich wie eine Fliege." David sprach: „Ich komme im Namen des HERRN. Gott wird mir helfen." Da lachte Goliath und rief: „Euer Gott ist ein Schwächling." David erwiderte ihm: „Du hast Gott beleidigt. Gleich wirst du sehen, wie stark Gott ist." Und David nahm einen kleinen Stein, legte ihn in seine Schleuder und schoß den Riesen vor den Kopf. Der war auf der Stelle tot.

Als nun die Philister flohen, tanzten die Frauen in Jerusalem und sangen: „Saul ist ein tapferer Krieger, doch David ist zehnmal tapferer als er."

Das hörte König Saul, und er wurde neidisch auf den jungen David. Als David wieder einmal vor seinem Thron die Harfe spielte, da warf Saul den Spieß nach ihm, um ihn zu töten. Doch Gott hielt seine Hand über David. Schließlich wollte Saul den David draußen im Gebirge töten. Aber Gott beschützte ihn. Saul verlor eine Schlacht gegen die Philister und stürzte sich in sein eigenes Schwert. Da wurde David, den Samuel schon lange vorher gesalbt hatte, öffentlich als König von Jerusalem ausgerufen. Er zog gegen die Philister und besiegte sie mit Gottes Hilfe. Hierauf ließ David die Bundeslade, die noch in Silo stand, in feierlichem Zug nach Jerusalem bringen. Alle Leute waren auf der Straße. Sie tanzten und freuten sich. König David selber tanzte vor der Bundeslade. Mikal, seine Frau, schaute aus dem Fenster. Sie schämte sich, daß ihr Mann vor allem Volk tanzte. Dafür wurde sie von Gott bestraft. Gott schenkte ihr keine Kinder.

Eines Tages sprach König David zu dem Propheten Nathan: „Ich will Gott ein festes Haus erbauen." Gott hörte den Plan des Königs und sprach zu Nathan: „Wozu brauche ich ein festes Haus? Ich bin doch überall bei meinem Volk. Sage daher dem David, daß er mir kein Haus bauen soll. Ich will aber dem David eines bauen."

Dieses Haus Davids ist aber kein festes Haus. Es sind Davids Nachkommen, und einer davon sollte auf ewig König sein.

Salomo wird König

Als David alt und krank geworden war, da wollte Adonia, einer von seinen Söhnen, König werden. Das hörte David, und er sprach: „Holt mir Bathseba." Da kam Bathseba, und David sprach zu ihr: „Du hast mir Salomo geboren, und er soll König sein." Da fiel Bathseba vor ihm nieder und dankte ihm. Priester kamen und salbten Salomo zum König, und wieder tanzten und sangen die Leute in den Straßen. Adonia hörte den fröhlichen Lärm und fragte: „Warum singen die Leute in den Straßen?" Und er bekam zur Antwort: „Salomo ist König." Da bekam Adonia Angst, lief hin zu Salomo und flehte: „Töte mich nicht." Und Salomo ließ ihn leben.

Als David merkte, daß er sterben mußte, rief er Salomo an sein Bett und sprach zu ihm: „Du wirst nun König sein in Israel. Doch bedenke, daß du nicht irgendein Volk regierst. Dein Volk ist Gottes auserwähltes Volk, und durch dieses Volk will Gott die ganze Erde wieder glücklich machen. Deshalb halte dich an Gottes Wort und achte darauf, daß auch das Volk die Gesetze Gottes achtet, wie sie aufgeschrieben sind auf steinernen Tafeln in der Bundeslade. Ihr werdet viele Feinde haben, doch Gott wird euch helfen immerdar. Geht also ruhig euren Weg und schaut nicht links noch rechts. Was auch die anderen Völker immer tun, ihr sollt auf dem Wege bleiben, den Gott euch zeigen wird."

Nach diesen Worten starb er, und Salomo war jetzt König von Israel.

Salomo baut dem Herrn ein großes Haus

Eines Nachts erschien der HERR dem Salomo im Traum und sprach zu ihm: „Sage mir, was ich dir geben soll." Und Salomo antwortete: „Ich bin noch sehr jung, und das Volk, das ich regieren soll, ist zahlreich wie der Sand am Meer. Deshalb bitte ich dich: Gib mir Verstand, daß ich stets erkenne, was gut und böse ist. Ich möchte nämlich ein guter König und ein gerechter Richter sein." Da sprach Gott zu ihm: „Ich freue mich, daß du nicht um ein langes Leben bittest oder um viel Geld und Ehre. Weil du um etwas Gutes bittest, will ich mit dir sein und dir einen klaren Verstand geben, damit du deinem Volk ein gerechter Richter und ein guter König bist. Und an Geld und Ehren soll es dir auch nicht fehlen."
Salomo rief sofort alle Maurer und Schreiner im Land zusammen, und sie begannen den Tempel zu bauen. Jahre arbeiteten sie daran. Am Ende blickte der Tempel von der Höhe weit ins Land hinein, und wenn die Sonne aufging, leuchtete er wie rotes Gold. In feierlichem Zug trugen die Israeliten die Bundeslade in das Innere des Tempels und brachten Gott Dankopfer dar. Salomo sprach zu ihnen: „Nun hat Gott sein Haus, und wir haben einen Mittelpunkt. Aus allen Teilen des Landes sollt ihr zum Tempel kommen, Gott anbeten und ihm für die Wohltaten danken, die er unserem Volk erwiesen hat. Er hat selber gesagt, daß sein Name an dieser Stelle wohnen soll. Wenn wir seinen Namen im Tempel anrufen, dann kommt er uns zu Hilfe in allen unseren Nöten." Da riefen die Leute: „Dann kann uns ja nichts mehr geschehen!" Doch Salomo sagte: „Gott wird sein Volk strafen, wenn es Unrechtes tut."

Berühmte Könige besuchen Israel

Bis zu diesem Augenblick wußten nur die Völker um Kanaan herum, daß es die Israeliten gab und ihren Gott. Doch jetzt, da Salomo um den Tempel herum Paläste und prächtige Häuser bauen ließ, da erzählten die Kaufleute in aller Welt: „In Jerusalem haben sie einen neuen König, der heißt Salomo, und niemand ist so reich und klug und schön wie er." Da fragten die Leute: „Wer hat ihm dieses alles denn gegeben?" Und die Kaufleute antworteten: „Salomo sagt, die ganze Pracht komme von Gott dem HERRN. Diesem Gott nun haben sie einen riesengroßen Tempel errichtet, doch als wir diesen Gott sehen wollten, hieß es, man könne ihn nicht sehen, er sei unsichtbar."

Das hörten die Könige in ihren Palästen. Auch die Königin von Saba, die im fernen Arabien wohnte. Sie sprach: „Ich will Salomo sehen." Und so ließ sie viele Kamele satteln und machte mit ihren Mägden und Knechten die weite Reise nach Jerusalem.

König Salomo empfing die Gäste mit großen Ehren und dankte ihnen für die vielen Geschenke, die sie mitgebracht hatten. Dann führte er die Königin von Saba durch die Stadt. Am Ende sagte sie: „Eine so prächtige Stadt habe ich noch nie gesehen, und Salomo ist klüger und schöner als alle Könige der Welt." Sie gab ihm viele Rätsel auf zu lösen, und Salomo löste alle Rätsel. Als die Königin wieder in ihr Land zurückkehrte, nahm sie viele Geschenke mit, die ihr Salomo gegeben hatte. Überall, wo sie hinkam, erzählte sie von König Salomo und seiner prächtigen Stadt, und so zogen viele berühmte Könige nach Jerusalem. Alle aber, die Jerusalem gesehen hatten, sprachen: „Es scheint, daß der Gott der Israeliten mächtiger ist als unsere Götter."

Ein Mann zerreißt seinen Mantel in zwölf Stücke

Am Ende seines Lebens tat Salomo vieles, was Gott nicht gefiel. Er baute Altäre für fremde Götter und opferte darauf viele Tiere. Da wurde Gott zornig und wiegelte starke Männer gegen den König auf. Einer von ihnen war Jerobeam.

Als Jerobeam einmal über das Feld ging, begegnete er einem Mann, der sagte: „Höre, Jerobeam, was Gott dir sagen läßt." Und der Mann nahm seinen blauen Mantel, zerriß ihn in zwölf Stücke und legte diese Stücke vor sich auf das Feld. Da fragte Jerobeam: „Was soll das bedeuten?" Der Mann antwortete ihm: „Die Stücke sind die zwölf Stämme Israels. Du wirst zehn davon bekommen und König in Israel sein. Da Gott dem David versprochen hat, daß seine Kinder auf dem Thron in Jerusalem sitzen werden, läßt er den Kindern Salomos zwei Stämme, die sollen fortan das Reich Juda heißen. Doch wenn auch du den fremden Göttern opferst, wirst du Land und Thron verlieren."

Tatsächlich wurde Jerobeam König über zehn Stämme Israels. Er machte dem Volk aber zwei goldene Kälber und sprach: „Das sind eure Götter. Betet sie an." Er wollte damit verhindern, daß die Leute nach Jerusalem zum Tempel zogen. Dort war nämlich der Sohn Salomos König, und Jerobeam fürchtete, daß seine Leute in Jerusalem bleiben wollten, weil dort der Tempel stand.

Raben bringen dem Elias zu essen

Die Könige, die auf Jerobeam folgten, heirateten Frauen aus fremden Gegenden, in denen man noch Götzen diente. Da sprach Gott: „Jetzt sollen furchtlose Männer zu den Königen gehen und ihnen sagen, was mein Wille ist." Diese Männer waren Gottes Stimme in Israel. Man nannte sie Propheten.

Auch König Ahab opferte dem Baal. Da schickte Gott den Propheten Elias zu ihm, der sagte: „Gott ist unzufrieden mit dir. Deshalb läßt er es lange Zeit nicht regnen." Da wurde Ahab wütend, und Elias mußte sich an einem Bach verstecken. Hier blieb er eine Zeit, und er brauchte keinen Hunger zu leiden, denn des Morgens und des Abends kamen Raben und brachten ihm zu essen, und trinken konnte er aus dem Bach. Die Raben aber hatte Gott geschickt. Bald jedoch vertrocknete auch der Bach, an welchem Elias wohnte, und Gott sprach zu ihm: „Mache dich auf nach Zarepta, das bei Sidon liegt." Als nun Elias an den Ort kam, traf er eine Frau, die Holz vom Boden auflas. Er sprach zu ihr: „Gib mir zu essen!" Da antwortete die Frau: „Weißt du nicht, daß es schon lange Zeit nicht mehr geregnet hat und wir nichts zu essen haben?" Doch Elias sagte: „Geh nach Hause und backe mir einen Kuchen." Die Frau buk ihm einen Kuchen, und siehe, solange die große Dürre war, wurde das Öl im Krug der armen Frau nicht alle, und die Schüssel war immer voll von Mehl. Elias blieb eine Zeitlang in dem Haus der Frau, doch eines Tages kam sie zu ihm gelaufen und schrie: „Mein einziges Kind ist tot. Wenn du ein Mann Gottes bist, mache es wieder lebendig." Da nahm Elias das Kind und betete zu Gott: „Laß dieses Kind doch wieder lebendig werden." Gott erhörte das Gebet des Propheten, und bald spielte das Kind schon

wieder munter auf der Straße. Da rief die Frau: „Nun weiß ich, daß dich der HERR gesandt hat."

Als Gott nun wieder Regen schicken wollte, da ging Elias in die Burg des Ahab und sprach zu ihm: „Willst du nun endlich Gottes Gebote achten?" Ahab fragte ihn: „Bist du der Mann, welcher ganz Israel durcheinanderbringt mit seinen frechen Reden?" Da erwiderte Elias: „Nicht ich bringe Israel durcheinander, sondern du mit deinem liederlichen Leben." Da wollte Ahab nach dem Schwert greifen, doch Elias fuhr ruhig fort: „Du und deine Frau haben alle Propheten des HERRN ermordet, und nur ich bin übriggeblieben. Habt ihr so viel Angst vor einem einzigen Mann?" Ahab schnaubte: „Wir haben keine Angst vor dir." Und Elias sagte: „Dann befiehl die vierhundertfünfzig Priester des Baal auf den Berg Karmel. Dort wird sich zeigen, wer der wahre Gott ist."

Auf dem Berg Karmel rief Elias den Priestern des Baal zu: „Legt eine Kuh auf den Altar eures Gottes. Ich will aber eine Kuh auf den Altar des einzigen und wahren Gottes legen. Wir machen nun kein Feuer. Das Feuer soll vielmehr von oben kommen. Wenn euer Gott Feuer auf euren Altar fallen läßt, dann soll er in Israel regieren. Legt aber Gott der Herr Feuer auf meinen Altar, dann soll er unser aller Gott sein."

Die Priester des Baal legten eine Kuh auf den Altar und riefen: „Großer Baal, schicke uns Feuer!" Doch es kam kein Feuer. Elias aber ließ Wasser über seinen Altar gießen, und dennoch legte Gott der Herr Feuer darauf. Da sah alles Volk die Kraft des einzigen und wahren Gottes, und Elias rief: „Habt ihr nun gesehen, wer der wahre Gott ist? Kehrt zum HERRN zurück und tötet die Baalspriester auf der Stelle." Hierauf ließ Gott es regnen. Die Felder wurden wieder grün, und alle hatten zu essen.

Als nun König Ahab nach Hause kam und seiner Frau Jezebel erzählte, was mit den Priestern des Baal geschehen war, da wurde sie zornig und schrie: „Ich will diesen Elias umbringen."
Elias hörte, daß die Königin ihn töten wollte. Deshalb floh er in die Wüste. Müde und traurig legte er sich auf einen Stein und betete zu Gott: „Laß mich doch sterben. Du meinst es so gut mit deinem Volk, doch immer wieder laufen sie den falschen Göttern nach. Von dir und deinen Propheten wollen sie kein Wort mehr hören, glaube mir."
Darüber schlief Elias ein. Da berührte ein Bote Gottes seinen Arm und sprach: „Hier ist ein Brot für dich und ein Krug mit Wasser. Iß und trink, denn du hast noch eine lange Reise vor dir."
Da wurde Elias wieder froh und sagte: „Gott hat mich nicht verlassen." Und er ging vierzig Tage durch die Wüste und kam endlich zu dem Berge Horeb. Das ist ein anderer Name für Sinai. Zuerst war ein Brausen in der Luft, dann kam ein sanftes Säuseln, und mit einemmal hörte Elias über sich die Stimme Gottes, die sprach: „Gehe nach Damaskus und salbe den Jehu zum König, und wenn du einmal tot bist, soll Elisa mein Prophet sein."
Und so ging Elias auf das Wort des HERRN hin nach Damaskus und salbte den Jehu zum König. Als er auch Elisa gefunden hatte, dankte er Gott dem Herrn und sprach: „Jetzt kann ich in Frieden sterben." Und Elias fuhr vor den Augen Elisas in einem feurigen Wagen in den Himmel hinauf, der schlimme König Ahab aber starb einen fürchterlichen Tod. Hunde leckten sein Blut von der Straße auf.

Wie der gute König Josia weinte

Elisa wirkte viele Wunder, doch es nutzte nichts. Die Könige Israels gingen immer wieder auf die Berge, wo das Volk den falschen Göttern opferte, und opferten auch. Elisa sprach zum König Jehu: „Stürze die Götzenbilder auf den Bergen um, sonst ist Israel verloren.“ Doch Jehu zerstörte nur die Standbilder des Baal, die Bilder der anderen Götter aber ließ er stehen. Die Könige, die auf ihn folgten, trieben es noch schlimmer, und endlich sagte Gott: „Jetzt ist meine Geduld am Ende. Ich will sie in die Hand der Assyrer geben.“ Und so rückten dann die Assyrer mit einem großen Heer heran, nahmen die Hauptstadt Israels, Samaria, ein und führten zehn Stämme des Gottesvolkes in die Gefangenschaft.

Noch waren die zwei Stämme übrig, die im Reiche Juda zusammengefaßt waren. Ihre Hauptstadt war Jerusalem. Ein letztesmal hatten sie einen guten König, der hieß Josia. Er fand das längst vergessene Buch des Gesetzes im Tempel wieder. In diesem waren die Gebote Gottes aufgeschrieben. Als Josia darin las, da weinte er und sprach: „All das hat mein Volk vergessen. Was wird Gott am Ende mit uns tun?“ Gott ließ ihm durch eine Prophetin sagen: „Weil du immer an den HERRN gedacht hast, sollst du das Unglück deines Volkes nicht mehr sehen.“ Bald darauf fiel Josia in einer Schlacht. Noch lange dachte das Volk an diesen guten und gerechten König.

An den Flüssen Babylons

Nach dem Tode des Josia glaubte in Jerusalem niemand an einen nahen Untergang. Die Vornehmen sagten: „Haben wir Gott nicht in unserem Tempel? Er wird uns schon beschützen." Zugleich aber beteten sie wieder ihre Hausgötzen an, gaben den Armen nichts zu essen, und viele sah man auf den Bergen, wo sie den Götzen Baal verehrten. Vergebens mahnte der Prophet Jeremias die Israeliten, auf den Weg des Guten zurückzukehren, doch sie wollten nicht hören. Da schickte Gott den mächtigen König von Babylon gegen Jerusalem. Bald war die Stadt in den Händen der Feinde. Sie nahmen den König von Juda gefangen, drangen in den Tempel ein und zerschlugen oder stahlen die heiligen Geräte. Dann führten sie die Beamten des Königshauses, die Priester und Ärzte, die Kaufleute und Handwerker nach Babylon in die Gefangenschaft. Nur ein paar Leute blieben in der Stadt zurück. Die Soldaten des Königs von Babylon kamen noch einmal, rissen den Tempel ein, verbrannten alle Häuser und brachten alle um, die nicht mehr fliehen konnten. Was einmal eine blühende Stadt gewesen war, lag jetzt wie ein Aschenhaufen da, und nur noch ein paar magere Katzen schlichen durch die Trümmer. In Babylon mußten die gefangenen Israeliten schwere Arbeit tun.

Am schwersten aber litten sie daran, daß sie nun keinen Tempel mehr hatten, und sie fragten sich: „Ist Gott hier in der Fremde wohl noch unter uns?"
Oft setzten sich die Gefangenen am Abend an das Ufer des großen Flusses und sangen Klagelieder. Die Wächter fragten: „Warum weint ihr denn?" Da antworteten die Israeliten: „Wir denken an unser Jerusalem zurück und an die Zeit, da Gott noch mit uns war." Die Wächter spotteten und sagten: „Singt uns doch ein Lied von eurem schönen Jerusalem!" Doch die Gefangenen wollten nicht. Da meinten die Wächter: „Nehmt doch eure Harfen. Dann singt es sich leichter!" Aber die Gefangenen schüttelten den Kopf und sagten: „Unsere Harfen haben wir an die Bäume gehängt, und dort sollen sie auch hängen bleiben. Wie könnten wir in fremdem Land das Lied unseres Gottes singen?"
Ein Klagelied der Gefangenen lautet:

An den Strömen Babylons saßen wir und weinten,
wenn wir an Jerusalem dachten.
Traurig hängten wir unsere Harfen
an die Weidenbäume.
Die Soldaten, die uns hierhergeschleppt hatten,
kamen und sagten: „Seid fröhlich
und singt uns eins von euren Liedern."
Doch wie könnten wir das Lied des Herrn singen
in fremdem Land?
Wenn ich dich, Jerusalem, vergesse,
soll meine rechte Hand verdorren,
und die Zunge muß mir am Gaumen kleben.
Es soll Jerusalem immer
meine höchste Freude sein.

Psalm 137

Gott will Israel erlösen

So standen dann die Israeliten in zerlumpten Kleidern da. Sie hatten keine Waffen und keinen Schmuck mehr, sie feierten keine lauten Feste mehr. Doch dies war eigentlich kein Unglück, denn jetzt hatten sie Zeit, an Gott zu denken, an Gottes große Liebe und an ihre Treulosigkeit ihm gegenüber. Als Gott sie so stumm umherstehen sah, sprach er: „Jetzt sind sie still geworden und haben wieder Zeit zum Beten, und einer hilft dem anderen in der Not. Deshalb will ich ihnen besonders nahe sein."

So hatte Gott den Israeliten alles genommen: ihre Stadt, ihre Felder und Gärten, ihre Waffen und ihren Schmuck, doch er hatte ihnen eines gelassen: die Hoffnung. Und wie eine Pflanze wuchs diese Hoffnung. Zunächst war sie ganz klein, man spürte sie kaum, dann wurde sie größer und stärker, und bald schon sprachen die Israeliten zueinander: „Gott wird uns einmal wieder aus dieser Gefangenschaft befreien." Einige fragten: „Woher nehmt ihr diese Hoffnung?" Die schon ganz alt waren, antworteten ihnen: „Aus den Worten der Propheten." Und so erinnerten sie sich der Propheten, auf die sie damals nicht gehört hatten, und einer von den alten Männern erzählte die Geschichte des größten aller Propheten, die Geschichte von Jesaja.

Gott schickt den Propheten Jesaja nach Jerusalem

Jesaja hat selber aufgeschrieben, wie er von Gott zum Propheten Israels berufen wurde.

In dem Jahr, in dem der König Usia starb, erblickte Jesaja den HERRN im Tempel. Gott saß auf einem hohen Thron, und der Saum seines Gewandes füllte den Tempel. Engel, die sechs Flügel hatten, schwebten über ihm und riefen: „Heilig, heilig, heilig ist der HERR, die Erde ist voll von seiner Herrlichkeit." Von ihren Rufen bebten die Tore des Tempels, und das ganze Haus war voller Rauch. Da hatte Jesaja große Angst. „Wehe mir, ich vergehe", rief er, „vor dem heiligen Gott bin ich verloren! Ich bin ein Mensch mit unreinen Lippen und wohne unter einem Volk mit unreinen Lippen!" Da kam ein Engel geflogen, der nahm vom Altar eine glühende Kohle und reinigte damit die Lippen des Jesaja. Da hörte er über sich eine Stimme: „Wen soll ich zu meinem Volke senden? Wer will mein Bote sein?" Da gab Jesaja zur Antwort: „Sende mich." Und der HERR sprach zu ihm: „Gehe hin zu meinem Volk und sage ihm, daß ich es bestrafen muß, wenn es nicht auf meine Worte hört." Jesaja sagte: „Sie werden sich die Ohren zuhalten, wenn ich zu ihnen spreche." Gott erwiderte: „Schreie du um so lauter." Jesaja fragte: „Und wenn sie mich aus der Stadt herausjagen, was soll ich dann tun?" Und Gott sprach zu ihm: „Dann bleibe vor dem Stadttor stehen und schreie so laut, daß es in jedes Haus dringt." Jesaja fragte: „Und wenn mir die Worte fehlen?" Gott antwortete ihm: „Geh nur. Ich bin bei dir, wenn du redest, an Worten soll es dir nicht fehlen."

Ein Mann hatte einen Weinberg

Auf dem Marktplatz blieb Jesaja stehen und rief: „Ich will euch die Geschichte vom Weinberg erzählen."
Die Leute schauten einander an. Vom Weinberg hörten sie gern reden. Es gab nicht allzu viele Weinberge in Israel, denn die Weinrebe wächst nicht in den heißen Wüstenstrichen. Wer einen Weinberg besaß, der war ein reicher Mann, und er brauchte auch nicht umherzuziehen mit den Schafen. Er konnte zu Hause bleiben.
Wenn man sonst nirgendwo Arbeit fand, im Weinberg konnte man fast immer Arbeit finden. Die war nicht leicht, aber wenn dann die Trauben gepflückt waren, gab es Wein zu trinken, und man konnte tanzen und fröhlich sein.
Weil nun der Weinberg für viele der allerschönste Ort war, hörten sie gern zu, wenn einer davon erzählte.
Jesaja begann: „Ein Mann hatte einen schönen Weinberg. Viele Stunden am Tage schien die Sonne auf die Rebstöcke, und der Wein davon war berühmt in der ganzen Gegend."
„Wo lag er denn nun, der Weinberg?" wollte einer wissen.
Jesaja antwortete: „Nicht so weit fort, wie ihr vielleicht denkt. Doch laßt mich erst zu Ende erzählen."
Und er fuhr fort: „Der Mann machte einen hohen Zaun um seinen Weinberg, trug gute Erde herbei und baute am Ende gar noch einen Turm."
„Wozu baute er denn den Turm?" fragte ein kleiner Junge. Einige lachten ihn aus.
Jesaja aber sagte: „Ich will es dir erklären. Darauf wollte er

wachen, wenn die Trauben reiften, und einen großen Lärm mit Eisenblechen machen, um die Vögel aus dem Weinberg zu vertreiben, die zur Zeit der Ernte in Scharen herbeigeflogen kommen, um die süßen Trauben abzufressen."
„Und hat der Mann am Ende nun viele Trauben geerntet?" rief einer aus der Menge, die sich um Jesaja versammelt hatte.
Jesaja antwortete: „Nein, das hat er nicht. Nun sagt mir aber: Konnte der Mann etwas dafür, daß die Rebstöcke keine Trauben trugen? Hat er nicht genug getan für seinen Weinberg?"
„Er hat genug getan", erwiderten die Leute. Einige wollten noch wissen: „Was hat der Mann mit seinem Weinberg dann getan?" Jesaja antwortete: „Er hat gesagt: Ich will die Mauer um meinen Weinberg niederreißen, damit Fremde hereinkommen und die Reben aus der Erde reißen können. Wüst soll der Weinberg liegenbleiben. Disteln und Dornen sollen darauf wachsen, und kein Tropfen Regen wird mehr auf meinen wüsten Weinberg fallen."
Schließlich fragten die Leute den Jesaja: „Nun sage uns: Wo liegt dieser Weinberg, und wer ist der Mann?" Da rief Jesaja: „Seid ihr denn blind? Ich habe in einem Gleichnis zu euch geredet, und Gott hat mir diese Worte eingegeben, damit ihr endlich wieder vernünftig werdet. Der Weinberg, das seid ihr. Gott hat alles für euch getan, hat euch aus den Händen der Feinde errettet und euch dieses reiche Land geschenkt. Doch ihr habt keine Frucht gebracht, und deshalb werdet ihr herausgerissen werden aus diesem Land. Der Besitzer des Weinbergs aber ist Gott. Er wollte euch zu einem schönen Weinberg machen, doch ihr habt nicht gewollt."
Die Leute lachten über Jesaja und sagten: „Was sollen wir uns Sorgen machen? Noch geht es uns gut. Gott hat uns schon so oft verziehen, und so wird er uns auch diesmal leben lassen."
Jesaja rief hinter ihnen her: „Wenn ihr nicht augenblicklich auf den rechten Weg zurückkehrt, seid ihr nicht mehr lange in dieser schönen Stadt Jerusalem." Doch sie gingen fort und hörten nicht auf ihn.

Jesaja sieht ein Licht in der Nacht

Jesaja sah, wie sie es noch schlimmer trieben als zuvor. Sie lebten so, als gäbe es keinen Gott. Da wurde Jesaja traurig und sprach: „Sie tun mir leid. Will Gott sie ganz vertilgen? Muß es denn immerzu ein schlimmes Ende nehmen?"
Gott hörte die Klage des Jesaja und sprach zu ihm: „Ich will fremde Völker aus dem Osten in die Stadt hereinlassen, und sie sollen mein Volk in die Gefangenschaft führen. Ich will nicht, daß es gänzlich untergeht, ich will es nur auf den rechten Weg zurückführen." Jesaja fragte: „Welches tröstliche Wort aber könnten sie in die Gefangenschaft mitnehmen?" Und Gott gab dem Jesaja diese wundervollen Worte der Hoffnung ein, Jesaja aber wurde mit einemmal froh und rief mit lauter Stimme über den menschenleeren Platz: „Das Volk, das im Dunkeln wandelt, sieht ein großes Licht. Seine Angst wird von ihm fallen, denn ein Kind ist uns geboren, ein Sohn ist uns geschenkt, er wird ein großer König sein, und er heißt: Wunderbarer, Ratgeber, Kraft, Held, Vater auf ewig, Friedensfürst. Dieser König wird aus dem Hause David kommen und den Frieden auf die Erde bringen. Und so groß wird der Friede im Lande sein: Die Wölfe werden bei den Lämmern wohnen und fressen sie nicht auf. Ein kleiner Junge wird Kälber, junge Löwen und fette Kühe auf die Weide treiben, und die Tiere werden ihm nichts tun. Die jungen Löwen werden den Ochsen nicht ins Maul beißen, sondern friedlich bei ihnen liegen, und die Schlange wird das Mädchen, das ihr seinen Finger in den Mund steckt, nicht mit ihrem giftigen

Zahn stechen, und nirgendwo wird man Weinen hören." Hierauf fragte Jesaja den HERRN: „Sage mir noch: Gilt diese Verheißung nur für dein auserwähltes Volk? Du hast noch so viele andere Völker auf der weiten Erde. Sollen die alle in Streit und Hunger dahinleben und elend sterben?"

Gott erwiderte ihm: „Ich werde keinen einzigen Menschen vergessen, und wenn er auch am Rand der Erde oder gar auf einem fremden Stern wäre. Wenn es soweit ist, will ich alle Völker auf einem hohen Berg versammeln. Dort werde ich ihnen meinen Willen sagen. Und ich will ihnen ein großes Mahl bereiten von reinem Wein, von Fett, vom Mark der Knochen und von süßen Früchten, und alle werden satt. Dann hat aller Hunger ein Ende, und es wird Friede sein für immer."

Jesaja fragte: „Und welche werden dir die liebsten Gäste sein?" Gott antwortete: „Die arm sind, die Hunger haben, die werden mir am liebsten sein, auch die, welche krank sind und viel weinen müssen. An diesem Tag will ich die Tränen abwischen von ihren Gesichtern, und sie werden wieder froh sein. Krankheit und Tod sollen dann keine Gewalt mehr über die Menschen haben."

Keiner war mehr auf dem Marktplatz, als Jesaja diese Worte der Hoffnung in den Abend rief. Die Leute dachten: „Im Augenblick geht es uns gut. Wir haben genug zu essen und zu trinken. Was sollen wir an morgen denken?"

Aber Jesaja war nicht traurig, daß sie ihm nicht zuhören wollten. Er wußte, daß Gott sein Volk nicht ganz verlassen würde. Einige fromme Israeliten, die an den Fenstern ihrer Häuser standen, hörten die Worte des Propheten und nahmen sie später als einen kostbaren Schatz mit in die Gefangenschaft. Diese Worte halfen ihnen über die schweren Jahre hinweg.

Ein kleiner Baum wird in Israel wachsen

Kurz bevor Jerusalem zerstört wurde, schickte Gott noch einen anderen großen Propheten in seine Stadt. Er hieß Jeremias.
Dieser sprach zum König und zur Königin: „Steigt herab von eurem hohen Thron. Längst schon ist eure Krone in den Staub gefallen. Schaut nach Osten! Die Wagen der Feinde kommen schon herangefahren, und sie werden alles Volk aus diesem Land wegführen in die Gefangenschaft. Ihr habt das Gesetz des HERRN mit Füßen getreten, deshalb wird man euch auch mit Füßen treten."
Die Leute, die bei dem König standen, riefen: „Warum läßt du dir diese frechen Reden gefallen? Dieser Jeremias will nur Unruhe stiften in der Stadt." Da sprach der König: „Tut mit ihm, was ihr wollt." Und so schleiften sie den Jeremias hinaus und warfen ihn in eine tiefe Grube, in der er verhungern sollte. Doch der König zog ihn des Nachts heimlich wieder aus der Grube, und da kamen auch schon die Babylonier und eroberten die Stadt. Als die Gefangenen fortgeführt wurden, rief Jeremias ihnen nach: „Vergeßt Gott den Herrn im fremden Land nicht und denkt Tag und Nacht an eure Stadt Jerusalem." Und damit sie nicht verzweifeln sollten, gab er ihnen noch das tröstliche Wort mit auf den Weg: „Seht, es kommt die Zeit, so spricht der HERR, daß aus meinem Volk ein kleiner Baum hervorwachsen soll, und es soll ein König sein, welcher gerecht regieren wird."

Dort, wo die Israeliten wohnten, gab es nicht viele Bäume, denn der Boden war zu trocken. So freuten sie sich über jeden Baum, der aus der Erde kam, und als Jeremias den kommenden Erlöser mit einem kleinen Baum verglich, da freuten sie sich um so mehr. Einige von ihnen sagten: „Hat nicht schon Jesaja so gesprochen: Und es wird eine Rute aufgehen vom Stamme Davids und ein Zweig aus seiner Wurzel Frucht bringen, und auf diesem Zweig wird ruhen der Geist des HERRN, der Geist der Weisheit und des Verstandes, der Geist des guten Rates und der Stärke, der Geist der Erkenntnis und der Furcht des HERRN."

So wußten dann die Gefangenen, daß Jerusalem, welches nun in Trümmern lag, einmal herrlich wiederaufgebaut werden würde, und im Geiste sahen sie eine goldene Stadt und über dieser Stadt ein helles Licht. Das war das ewige Licht Gottes, das nun allen Völkern auf dem Weg zum Guten leuchten wollte. Und unzählige Menschen eilten zu der erleuchteten Stadt.

Die Gefangenen wußten, daß dies noch nicht heute und nicht morgen geschehen würde, aber sie glaubten fest, daß es sich eines Tages ereignen würde: Jerusalem wieder aufgebaut, Jerusalem der Mittelpunkt der Welt, Jerusalem der Thron des ewigen Gottes, der uns liebhat. So hielten die Propheten im Volk die Hoffnung wach, daß der Erlöser kommen würde. Deutlicher noch als das Bild vom Baum und dem Zweig war die Voraussage des Jesaja: „Seht, eine Jungfrau wird einen Sohn bekommen, den wird sie Immanuel nennen, das heißt: Gott mit uns."

Der Prophet Ezechiel sieht den Thron Gottes

Auch in der Gefangenschaft wollte Gott sein Volk nicht ohne einen großen Propheten lassen.
Eines Tages stand ein Mann namens Ezechiel mit anderen Gefangenen an einem Fluß, da öffnete sich der Himmel, und Ezechiel erblickte eine Wolke von Feuer. In dieser Wolke waren vier Engel, die eilten hin und her wie der Blitz, und neben ihnen her liefen vier Räder, die waren riesengroß. Wenn die Engel sich bewegten, rauschten ihre Flügel wie das Meer, wenn sie aber stillstanden, ließen sie die Flügel sinken. Dann donnerte es über ihnen im Himmel, und hoch oben stand ein Thron. Auf dem Thron saß einer, der aussah wie ein Mensch, aber er war ganz hell, als wäre er aus Feuer. Über ihm schwebte ein Bogen aus glühenden Farben, und da wußte Ezechiel, daß er die Herrlichkeit des HERRN gesehen hatte. Vor Schrecken fiel er zu Boden und hielt seinen Kopf mit beiden Händen.
Da hörte Ezechiel über sich eine Stimme, und er begriff, daß der HERR mit ihm sprechen wollte. Also stand Ezechiel auf, und Gott sprach zu ihm: „Du sollst zu meinem Volke sprechen und keine Angst bekommen, wenn sie dir den Mund verschließen wollen. Sie haben nämlich harte Köpfe und ein verstocktes Herz und tun immer nur, was mir gar nicht gefällt. Dennoch sollen sie wissen, daß ich sie nicht ganz vertilgen will, und du sollst es ihnen sagen."
Da sagte Ezechiel: „HERR, gib mir etwas, damit ich Kraft und Worte habe für dein Volk. Denn ich bin nur ein Mensch, und sie werden mir sagen: Was willst du von uns? Du bist nicht besser als wir alle."

Tote werden wieder lebendig

Da sah Ezechiel, wie eine Hand vor ihm erschien, die hielt einen zusammengerollten Brief. Der Brief öffnete sich langsam, und Ezechiel konnte viele Klagen darin lesen.
Da hörte Ezechiel eine Stimme, die sprach: „Iß diesen Brief. Wenn du ihn gegessen hast, dann weißt du, was du meinem Volke sagen sollst. Sie werden sich die Ohren zuhalten, wenn du kommst und zu ihnen sprichst. Aber ich habe dir Kraft gegeben, damit du stehenbleibst und weitersprichst, wenn sie dich fortjagen wollen."
Da bebte die Erde, und ein Donner rollte über die Berge. In dem Donner hörte Ezechiel viele Stimmen, die riefen: „Gelobt sei die Herrlichkeit des HERRN."
Und Ezechiel ging zu den Gefangenen und rief: „Warum jammert ihr und fragt immerzu, warum der HERR euch in die Hände der Feinde gegeben hat? Erinnert ihr euch nicht mehr, wie ihr es getrieben habt im schönen Jerusalem? Goldene Kälber habt ihr angebetet auf den Höhen. Vor dem Götzen Baal seid ihr auf die Knie gefallen. Ihr habt den Armen zuviel Geld abgenommen für eure Waren. Und wenn einer von dem einen und einzigen Gott sprach, der euch aus allen Völkern dieser Erde auserwählt hat und euch über alle Maßen liebt, da seid ihr fortgegangen und habt gesagt: Warum sollten wir jetzt an Gott denken? Es geht uns doch gut!"
Da fragten die Leute den Ezechiel: „Was sollen wir denn tun?" Und Ezechiel gab ihnen zur Antwort: „Ändert euren Sinn und werdet neue Menschen."
Die Leute schüttelten den Kopf und sagten: „Es ist zu spät. Uns kann niemand mehr helfen."
Da rief Ezechiel: „Ist euer Glaube so klein? Ich will euch erzählen, was ich vor ein paar Tagen mit eigenen Augen gesehen habe. Der HERR führte mich auf ein weites

Feld, das lag voller Knochen da. Der HERR sprach zu mir: Das sind die Gebeine vieler, vieler Toter, aber sage ihnen in meinem Namen, daß sie wieder lebendig werden sollen, und sie werden leben. Ich tat, was Gott mich geheißen hatte, und da fing es an zu rauschen, die Knochen richteten sich auf, Glied fügte sich zu Glied. Die Gerippe füllten sich mit Fleisch, und Haut und Haare wuchsen darüber. Aber noch standen die Menschen starr und stumm. Da sprach der HERR zu mir: Nun bete, daß der Geist des Lebens in sie fahre. Ich betete, und die Menschen wurden wieder lebendig."

Die Leute fragten den Ezechiel: „Was sollten denn die Knochen bedeuten?" Und Ezechiel antwortete: „Die Knochen, das seid ihr, dürr und ohne Hoffnung. Der HERR wollte uns aber durch diese Erscheinung auf dem Felde sagen, daß er uns aus dem Gefängnis des Todes wieder herausführen will zu neuem Leben. Gott der Herr will nicht den Tod des Sünders. Er will, daß der Sünder wieder ein guter Mensch wird und in Gott lebt. Und der HERR wird seinem Volk einen Hirten schicken. Der wird nicht wie die anderen Hirten sein, die fortlaufen, wenn der Wolf dahergeschlichen kommt. Unser Hirt wird immer bei seinen Schafen bleiben, und wenn ein Schaf sich in den Bergen verirrt hat, dann sucht er es so lange, bis er es gefunden hat."

Die Leute fragten den Ezechiel: „Wann wird denn dieser Hirt kommen, den wir so nötig brauchen?" Ezechiel antwortete: „Das weiß Gott allein. Nur eines hat er mir angedeutet: Der Hirt wird aus dem Stamme Davids kommen."

Da sprachen die Israeliten zueinander: „Wie undankbar sind wir gewesen. Wir hätten alle den Tod verdient, doch Gott will es noch einmal mit uns versuchen." Und sie fragten den Propheten: „Wie sollen wir ihm danken?" Ezechiel erwiderte: „Dankt ihm nicht nur mit Worten. Dankt ihm mit euren guten Taten. Ein gutes Herz ist ihm tausendmal lieber als der schönste Lobgesang."

Rostige Töpfe taugen nichts

Des Abends, als die Gefangenen wieder am Flusse saßen, fragten ein paar Kinder ihre Eltern: „Als ihr noch in Jerusalem wart, ist denn da niemand gekommen, der euch gesagt hat, daß ihr euch ändern müßt?"

Ihre Eltern nickten und sagten: „Doch, es sind viele Propheten gekommen und haben uns gewarnt. Jesaja, Jeremias und auch Ezechiel, den ihr soeben gehört habt. Als wir ihm damals in Jerusalem nicht mehr zuhören wollten, hat er in unvergeßlichen Bildern zu uns gesprochen."

Ein Kind bat seine Mutter: „Erzähle uns von seinen Bildern." Und die Mutter begann: „Einmal rief Ezechiel mit lauter Stimme: Jerusalem ist wie ein Topf. Aber es ist kein schöner Topf. Er ist vom Rost zerfressen. Wenn man nun den Topf aufs Feuer stellt, so bleibt er dennoch, wie er ist. Das Feuer kann den Rost nicht herunterbrennen. Es ist zuviel Rost auf dem Kessel. Also muß der ganze Kessel im Feuer zerschmelzen." Da fragte das Kind: „Und was soll der Rost bedeuten?" Die Mutter erwiderte: „Der Rost, das waren unsere Sünden. Es waren ihrer so viele, daß der HERR Jerusalem verbrannt hat wie den rostigen Topf, denn rostige Töpfe taugen nichts. Sie kommen ins Feuer und zerschmelzen."

Das Kind wollte noch wissen: „Aber wird es nicht wieder einen neuen Topf geben?" Die Mutter erwiderte: „Ich glaube schon. Doch ihr Kinder müßt dafür sorgen, daß er nie wieder rostig wird."

Da fragte das Kind: „Was kann ich denn tun, damit der Topf nicht rostig wird?" Die Mutter antwortete: „Du mußt den Willen Gottes tun, auch dann, wenn es dir schwerfällt."

Die Israeliten kehren nach Jerusalem zurück

Im ersten Jahr seiner Regierung ließ der mächtige König Cyros von Persien verkünden: „Der Gott, der in Jerusalem ist, hat mir befohlen, ihm in seiner Stadt ein Haus zu bauen. Ich selber will aber nicht nach Jerusalem ziehen, sondern jeder, der zum Hause dieses Gottes gehört, der ziehe nach Jerusalem und helfe beim Bauen."

Cyros wußte aber nicht, daß Gott ihn dazu ausersehen hatte, die Gefangenschaft seines Volkes zu beenden. Gott sucht sich seine Werkzeuge, wo er will, und er benutzt manchmal auch die, welche nicht an ihn glauben.

Der Führer der Israeliten war Sassabar. Den ließ Cyros rufen, und er sprach zu ihm: „Der König von Babylon hat damals, als er Jerusalem eroberte und euch allesamt in die Gefangenschaft führte, aus dem Tempel eures Gottes die Opfergeräte mitgenommen. Ich will sie euch wiedergeben. Nehmt sie mit und stellt sie in dem Hause auf, das ihr für euren Gott errichten werdet."

Und so nahmen die Israeliten die goldenen und silbernen Gefäße, packten sie sorgfältig ein und trugen sie voller Freude durch die Wüste nach Westen.

Wenn sie aber abends am Lagerfeuer saßen, sprachen sie zueinander: „Der HERR hat uns durch den Mund des Cyros gesagt, daß wir seinen Tempel in Jerusalem wiederaufbauen sollen. Aber woher wissen wir, wie wir ihn bauen sollen? Will Gott einen großen oder einen kleinen Tempel? Wieviel Türme soll er haben, und welche Steine sollen wir im Steinbruch brechen?"

Da sagte ein alter Mann: „Hat nicht der Prophet Ezechiel einmal erzählt, er habe wie im Traum einen Mann aus Erz gesehen? Der stand auf einem hohen Berg und hatte Senkblei und Zollstock in der Hand und sagte dem Ezechiel, wie wir den Tempel bauen sollten."

Warum das Wasser aus dem Tempel herausgeflossen kam

Die Israeliten suchten die Schriftrolle, auf der Ezechiel niedergeschrieben hatte, wie Gott den neuen Tempel haben wollte.
Das meiste sollten sie aufbauen, wie es vor der Zerstörung Jerusalems gewesen war. Doch fanden sie in den Schriften des Ezechiel etwas, was es im alten Tempel nicht gegeben hatte. Ezechiel spricht von einer Quelle. Er sagt, die Quelle komme aus der Tür des Tempels herausgeflossen, und ihr Wasser ströme nach Osten. Da sagte einer: „Sollen wir denn im Tempel nach Wasser suchen und einen Graben ausheben, durch den das Wasser nach Osten fließen kann?" Ein frommer Israelit erwiderte ihm: „Mein Freund, du verstehst das nicht richtig. Die Quelle, von der Ezechiel spricht, ist doch nur ein Bild. Aus unserem Volk soll etwas kommen, was allen Menschen neues Leben gibt, so wie das Wasser in der Wüste den Pflanzen Kraft zum Wachsen gibt."
„Gut", sagte der Mann, „aber warum behalten wir das Neue, das da kommen soll, nicht ganz für uns? Warum lassen wir es aus der Stadt heraus? Wir könnten es selber brauchen." Der fromme Israelit sagte darauf: „Denkst du denn immer nur an dich selber? Glaubst du, Jerusalem sei die ganze Welt, und Gott wolle nur für uns sorgen? Gott will, daß überall neues Leben aufblüht. Wir sitzen an der Quelle, andere an der Mündung, und so bekommen alle etwas mit."
Als nun der neue Tempel fertig war, da jammerten die Männer, welche noch den alten Tempel gesehen hatten: „Der neue Tempel ist nicht so groß und prächtig wie der alte. Ob Gott damit wohl zufrieden ist?"

Darauf entgegnete ihnen ein jüngerer Israelit: „Kommt es denn auf die Zahl der Steine an? Habt ihr nicht gesehen, wie schnell eine ganze Stadt in Trümmern liegt, wenn Gott mit ihren Einwohnern nicht mehr zufrieden ist? Habt ihr vergessen, was der Prophet Ezechiel in der Gefangenschaft zu uns gesprochen hat: Das ist das Wort des HERRN an die Israeliten: Ich will das steinerne Herz aus eurer Brust nehmen und euch ein Herz aus Fleisch und Blut einsetzen, ein Herz, das fühlen kann. Ihr redet von Steinen, Gott aber hat durch den Mund des Propheten Ezechiel verkündet: Ich will euch einen neuen Geist geben. Was heißt das anders, als daß der neue Tempel ein Tempel des Geistes ist?"
Da fragten die Alten: „Woran aber kann man diesen Tempel des Geistes erkennen?" Und sie bekamen zur Antwort: „Daran, daß wir Gutes tun und das Wort Gottes niemals vergessen. Wo gute Menschen beieinander sind und Frieden halten, da ist der neue Tempel." Die Alten fragten: „Dann gäbe es nicht nur den neuen Tempel von Jerusalem?" Einer von den Jüngeren erwiderte: „Es gibt so viele neue Tempel, wie es gute Menschen gibt. Deshalb soll ein jeder von uns ein lebendiger Tempel Gottes sein."
Da fragte einer: „Warum aber fließt das Wasser des Lebens nach Osten? Steht es nicht so bei dem Propheten Ezechiel?" Ein anderer antwortete: „Im Osten geht die Sonne auf, im Osten beginnt der neue Tag. Wenn also das Wasser des Lebens nach Osten strömt, dann heißt das doch wohl, daß Gott den Morgen, die Frühe lieber hat als den müden Abend. Wenn Gott also den Sonnenaufgang lieber hat als den Sonnenuntergang, dann bedeutet dies: Er will immer neu beginnen, und die Menschen sollen es nicht anders machen."

Was Job alles leiden mußte

Gott wollte, daß die Israeliten keine Geschichten mehr von stolzen Königen und siegreichen Feldherren erzählt bekamen, er wollte vielmehr, daß das Leben von Menschen aufgeschrieben würde, die viel Unglück erleiden mußten und dennoch den Glauben an Gott nicht verloren. Schon damals fragten die Leute, wenn sie einen frommen Menschen im Unglück sahen: „Kann Gott denn fromme Menschen ins Unglück stürzen? Oder ist es eine andere Macht, die sie unglücklich macht?"

Oft erzählte man sich die Geschichte von Job. Eines Tages kam der Satan an dem Ort vorbei, an dem der HERR war. Satan traute den Menschen nicht und sagte öfters: „Die fromm erscheinen, sind es vielleicht in ihrem Herzen nicht." Gott sah den Satan und fragte ihn: „Wo kommst du her?" Der Satan erwiderte: „Ich bin viel im Land umhergezogen." Gott sagte: „Dann hast du wohl auch meinen Knecht Job gesehen, der so fromm ist und nichts Böses tut." Der Satan erwiderte: „Der kann wohl fromm und gut sein! Du hast ihm ja Reichtum und viele gesunde Kinder geschenkt. Nimm ihm seinen Reichtum, und du wirst sehen, wie schnell er dich vergessen wird." Gott erwiderte: „Das glaube ich nicht. Ich überlasse dir Job. Du kannst ihm alles nehmen, nur sein Leben nicht."

Und nun hören wir, wie ein Unglück nach dem anderen kommt. Feinde rauben ihm Rinder und Esel, der Blitz schlägt in die Schafe und tötet die Hirten, ein Sturmwind packt das Haus, in dem die Söhne und Töchter wohnen, die Wände stürzen ein, und alle liegen tot unter den Trümmern.

Als die Boten ein Unglück nach dem anderen melden, bleibt Job ganz ruhig, beugt sich zur Erde und sagt: „Der Herr hat es gegeben, der Herr hat es genommen. Der Name des Herrn sei gelobt!"
Als Satan wieder zu Gott kam, da fragte ihn der HERR: „Wie steht es mit meinem Knecht Job? Hast du nun gesehen, daß er nicht von mir läßt?" Da sagte Satan: „Es braucht nur noch mehr Unglück über ihn zu kommen, und er wird aufhören, fromm zu sein, und dir den Rücken kehren. Schicke ihm doch eine schwere Krankheit, und du wirst sehen, daß er mit dir nichts mehr zu tun haben will." Und Gott schickte dem Job eine schwere Krankheit. Schwarze Beulen bedeckten seinen ganzen Körper. Da kam seine Frau zu ihm und sprach: „Da siehst du, was du von deinem Gott hast. Wie kannst du noch zu ihm beten?" Da erwiderte Job: „Das Gute nehmen wir von Gott, warum sollten wir da nicht auch das Böse annehmen?"
Als seine Frau gegangen war, kamen drei seiner Freunde. Wie sie ihn todkrank in einer Ecke sitzen sahen, da fingen sie an zu weinen und riefen: „Job, was ist mit dir geschehen?" Dann schwiegen sie sieben Tage und sieben Nächte. So sehr waren sie betrübt. Doch dann wollten sie ihm helfen, und sie sagten zu ihm: „Denke einmal nach. Vielleicht hast du dich doch einmal gegen Gott versündigt. Umsonst wird doch kein Mensch von Gott gestraft." Oder sie sagten: „Gott ist so groß, daß der winzige Mensch nichts gegen ihn vermag. Nimm also deine Krankheit ohne Klagen auf dich." Aber Job wurde von ihren Reden nur noch trauriger. Er sprach zu sich selber: „Wie ist das möglich, daß Gott, dem ich mein Leben lang vertraut habe, nun so hart mit mir verfährt?"
Gott selber gab ihm die Antwort. Es zog ein Gewitter auf, und im Donner sprach Gott: „Ich habe alles gemacht, den Morgen und den Abend, Blitz und Donner. Nichts ist umsonst da. Auch nicht deine Leiden."
Da hörte Job auf zu klagen. Er fiel auf die Knie nieder und betete: „Gott, du bist zu groß, als daß wir deine Gedanken verstehen könnten." Er wußte jetzt, daß er nicht umsonst gelitten hatte. Damit hatte er die Prüfung bestanden, und Gott gab ihm das Doppelte von dem zurück, was er vorher besessen hatte: Kinder, Herden und ein langes Leben.

Vater und Kind

Es ist nicht verwunderlich, daß in den heiligen Büchern der Israeliten das Bild vom Vater und seinem Kind immer wiederkehrt. Der Vater ist Gott, das Kind sind wir. Der Vater hält das Kind ganz sicher in seinem Arm. Dieses Kind ist aber noch ganz klein. Es hat noch keinen Verstand. Es weiß noch nicht, was gut für es ist und was schlecht. Manchmal ist dieses Kind störrisch und tut nicht, was der Vater sagt. Dann wird der Vater traurig. Ist das Kind länger ungehorsam, dann muß der Vater es strafen. Er tut dies nicht gern, aber er muß es tun, um sein Kind vor Gefahren zu bewahren. Er straft sein Kind aus Liebe. Aber nichts in der Welt kann die beiden auseinanderbringen. Der Vater hängt an seinem Kind und will, daß es glücklich wird. Das Kind kann ohne seinen Vater nicht leben, und so müssen sie zusammenbleiben.

Der Mann im Brunnen

Wenn zur Zeit der Israeliten böse Menschen einen anderen umbringen wollten, dann warfen sie ihn zuweilen in einen trockenen Brunnen. So machten es die Söhne Jakobs mit ihrem Bruder Joseph, und so stürzten dann auch die Leute des Königs Zedekia den Propheten Jeremias in einen tiefen Brunnen. In dem Brunnen sollte er vor Durst und Hunger langsam sterben.

Die Brunnen sind eng, und sie sind tief, und aus eigener Kraft kann der Gefangene nicht mehr ans Tageslicht hinaufkommen. Also bleibt ihm nur der Glaube, daß Gott ihn hören wird, wenn alle Menschen, die oben vorübergehen, ihre Ohren verschließen. Wo der Mensch nichts mehr tun kann, da muß Gott mit seiner Hilfe kommen. Und so hatten dann der junge Joseph und der Prophet Jeremias nichts als diese Hoffnung, daß Gott sie nicht vergessen werde. Sie wurden nicht mutlos, und weil sie Mut und Hoffnung nicht verloren, schickte Gott Männer an den Brunnen, in dem sie lagen. Die zogen sie dann an Stricken an das Licht des Tages herauf.

Auf dem Grund der tiefen Brunnen, wohin kein Licht mehr kommt, blüht dennoch die Hoffnung. Aber sie blüht nur dann, wenn wir an Gottes große Liebe glauben.

Durch seine Wunden werden wir geheilt

Die Propheten hatten den Israeliten immer wieder einen Erlöser vorausgesagt, einen Heiland, der den Frieden auf die Erde bringen und die Menschen wieder mit Gott dem Herrn versöhnen würde.

Die Israeliten hofften nun auf einen mächtigen König, der mit vielen Soldaten alle Könige der Welt besiegen und die eroberten Schätze nach Jerusalem bringen würde. Manche sagten: „Wenn unser Erlöser kommt, dann sind wir die Herren der Welt, und alle Völker müssen uns gehorchen."

Doch die meisten hatten nur mit halbem Ohr zugehört, wenn die Propheten von dem kommenden Heiland sprachen. Die Propheten sagten kein Wort von einem siegreichen Feldherrn, sie sagten nichts von unterdrückten Nachbarvölkern. Sie erzählten vom Schmerzensmann: „Er wurde verachtet, er war der letzte der Menschen, ein Mann der Schmerzen. Er hat unsere Krankheiten getragen und unsere Schmerzen auf sich geladen. Wir hielten ihn für den, der geplagt und von Gott geschlagen wurde. Aber er ist unserer Missetaten wegen verwundet und um unserer Sünden willen zerschlagen worden. Die Strafe liegt auf ihm, damit wir Frieden haben, und durch seine Wunden werden wir geheilt. Wir alle sind in die Irre gegangen, ein jeder ging seinen eigenen Weg. Gott aber hat unsere Sünden auf ihn geworfen. Als er gemartert wurde, da tat er seinen Mund nicht auf, sondern ließ alles mit sich geschehen, und als er tot war, wurde er zwischen Gottlosen begraben."

Deutlicher noch schildern die Festtagslieder der Israeliten die Leiden des Erlösers. Der Schmerzensmann sagt von sich selber: „Ich bin ein Wurm und kein Mensch mehr. Alle, die mich sehen, lachen über mich. Sie schütteln den Kopf und sagen: Er hat auf den HERRN gehofft. Nun soll ihn der HERR auch retten."

Und so wird der Heiland sterben: Sie werden ihn ans Kreuz schlagen wie einen Straßenräuber. Der Gekreuzigte spricht: „Sie haben meine Hände und meine Füße durchbohrt, und ausgerenkt sind alle meine Knochen. Um meinen Rock haben sie gewürfelt, und sie tränkten mich in meinem Durst mit Essig." Es genügt den Menschen nicht, ihren Erlöser zu töten. Sie quälen ihn noch obendrein und machen sich über ihn lustig. Der Sterbende hat Durst. Sie hätten ihm Wasser geben sollen. Doch sie geben ihm Essig. Den kann man nämlich nicht trinken.

Weil nun der Erlöser nicht in Macht und Herrlichkeit kommen sollte, sondern als Leidender, so können die, welche ihm nachfolgen, auch keine siegreichen Helden sein.

Ihr habt es längst gemerkt: Der Erlöser, den die Propheten vorausgesagt haben, ist Jesus Christus. Die ihm nachfolgen wollen, sind wir Christen. Was Jesus damals angetan wurde, das müssen viele Christen bis auf den heutigen Tag auch erleiden. Weil er selber gelitten hat, deshalb liebt er alle, die mit ihm leiden. Die Leiden haben bis heute noch nicht aufgehört.

Die Männer, die den Schmerzensmann in ihrer Mitte halten, tragen Gewehre. Als Jesus ans Kreuz geschlagen wurde, gab es noch keine Gewehre. Der Maler will uns damit zeigen, daß die Leiden, die damals über Christus kamen, auch in unseren Tagen über die Christen kommen, weil Christus in den Christen weiterlebt bis an das Ende der Welt. So muß der Mann, den die beiden Soldaten halten, nicht unbedingt Jesus selber sein. Es kann ein Christ in unserer Zeit sein. Die Waffen wechseln, doch die Leiden bleiben, und das große Vorbild bleibt: Jesus Christus, der Mann der Schmerzen.

Gott wußte von Anfang an, daß die Menschen später sagen würden: „Der allmächtige Gott und Herr schickt uns als Erlöser einen, der ans Kreuz

geschlagen wird. Warum schickte er nicht einen reichen Kaufmann oder einen Feldherrn, der zu siegen versteht?" Weil die Menschen immer wieder so fragen würden, bereitete er uns durch die Worte der Propheten auf den armen, geschlagenen Erlöser vor. Wir können es kaum verstehen, aber Gott hat es so gewollt: Der Herr der Welt erscheint als Mann der Schmerzen. Er bringt uns kein Geld, keine sicheren Siege, keinen Glanz. Er bringt uns das Kreuz, und er sagt uns: „Nur wer das Kreuz auf sich nimmt, kann zu Gott kommen. Nur die Armen werden das Himmelreich besitzen. Nur die Trauernden werden die ewigen Freuden sehen. Glücklich sind am Ende nur die, welche den Frieden bewahren. Glücklich sind, die leiden müssen, weil sie gerecht sind. Sie werden Gott mit eigenen Augen schauen.

So waren die Jahre der Gefangenschaft für die Israeliten am Ende gesegnete Jahre. Hier lernten sie, daß Gott die Armen liebt. Der Arme ist nicht der, welcher keinen Pfennig hat, sondern der, welcher ohne Gott nichts vermag und daher nach ihm die Hände ausstreckt. Arm ist der, welcher nicht stolz ist auf das, was die Motten zerfressen können, und auch nicht auf Waffen und Geld allein vertraut. Der Arme sagt ja zu den Schmerzen, die der HERR ihm schickt. Denn durch Leiden will uns Gott für die Gemeinschaft mit ihm selbst bereiten. Der Arme ist der Mensch unter dem Kreuz.

Wenn Könige Lieder singen

Wie alle Völker, so hatten auch die Israeliten ihre Lieder. Sie sangen sie beim Gottesdienst zur Harfe oder auch zum Klang der Trommeln und nannten sie Psalmen. Viele Menschen, Juden und Christen, beten und singen diese Psalmen heute noch. Einige der schönsten Psalmen hat König David seinem Volk geschenkt. Es gibt Klagepsalmen und Loblieder unter den Psalmen.
Eines der schönsten Loblieder ist der 142. Psalm:

Jeden Tag will ich dich loben, Herr,
du bist so wunderbar und groß,
daß wir nur staunen können.
Gnädig und barmherzig ist der Herr,
geduldig und von großer Güte.
Alles, was du gemacht hast, Herr,
soll dir immerfort danken.
Du hebst die auf, welche am Boden liegen,
und gibst denen, die traurig sind,
neuen Mut.
Alle warten auf dich,
du sollst ihnen zu essen geben.
Du machst deine Hand auf,
und alle werden satt.
Der Herr hilft allen,
die seinen heiligen Namen rufen.

Steine sind kalt und tot

Es ging den Israeliten, wie es allen Menschen geht: Sie arbeiteten und freuten sich, sie waren einmal traurig und einmal fröhlich, und dann gingen sie zu ihren Verwandten oder Freunden und erzählten ihnen von ihrem Leid und ihrer Freude. Doch die verstanden sie nie so richtig, und so sagte dann einer am Ende: „Nun habe ich mit vielen gesprochen, und noch immer bin ich unzufrieden. Dann bin ich in mein Haus gegangen und habe mich still in einen Winkel gesetzt. Doch auch hier ist keine Ruhe über mich gekommen. Es muß doch einen geben, der mich versteht und mir den Frieden gibt.“ Da stand er auf und sagte: „Es gibt einen, der größer ist als ich und meine Freunde. Zu dem will ich gehen, mit ihm will ich sprechen. Bei dem werde ich Ruhe finden.“ Und er ging in den Tempel. Doch da fand er niemanden, mit dem er hätte sprechen können. Also ging er hin, machte sich ein Bild aus Stein und betete es an wie einen Gott. Andere beteten zu den Sternen oder sagten: „Der König oben im Palast ist unser Gott.“

Ein Freund, der gerade vorbeikam, fragte ihn: „Was betest du da an?“ Der Mann erwiderte: „Ich brauche einen, mit dem ich sprechen kann. Ich muß einen haben,

der mich versteht." Sein Freund antwortete ihm: „Genauso geht es mir. Auch ich kann ohne einen Gott nicht leben. Aber glaubst du denn, dein Bild aus Stein sei der allmächtige Gott? Was du da anbetest, ist ein Götze. Gott aber sagt: Du sollst dir keine Götzenbilder machen." Da fragte der Mann: „Was soll ich denn tun?" Da sagte sein Freund: „Komm mit mir in den Tempel."
Im Tempel angekommen, erblickten sie den siebenarmigen Leuchter. Da sagte der Mann: „Das ist doch nur ein Licht. Soll ich denn ein Licht anbeten?"
Sein Freund erwiderte: „Nein, das sollst du nicht. Aber suche hier auch nicht nach einem Standbild. Wenn Gott als steinerne Figur auf seinem Stuhl im Tempel säße, dann wäre er ein stummer, toter Gott wie all die Götzen auf den Bergen. Unser Gott will aber ein lebendiger Gott sein, und deshalb kriecht er nicht in einen kalten Stein. Er will überall sein, und deshalb kann er sich nicht in den Tempel einschließen wie in ein Schneckenhaus. Wenn du zu ihm betest, dann hört er dich, auch wenn du ihn nicht siehst. Die sieben Flammen auf dem Leuchter wollen dir nur sagen, daß unser Gott ein Gott der Lebendigen ist. Die Flammen sind ein Bild für seine lebendige Gegenwart. Hier kannst du beten."

Der Herr ist mein Hirt

Die Israeliten hatten große Herden. Vor allem besaßen sie viele Schafe. Diese Tiere waren ihr ganzer Reichtum. Es war nicht immer leicht, die Schafe am Leben zu erhalten. Oft regnete es viele Tage nicht, und es wuchs kein Gras. Dann mußten die Hirten mit den Herden weit wegziehen in fremdes Land. Nachts kamen Wölfe und wilde Hunde angeschlichen, um einige Schafe aufzufressen. Dann mußten die Hirten mit den Räubern kämpfen. Auch waren die Wege im Gebirge oft zu schmal, und ein Schaf drängte das andere in den Abgrund. Die Hirten mußten also Tag und Nacht aufpassen, damit sie ja kein Tier verloren.
So kann man sich gut vorstellen, daß das Bild vom Hirten und seinen Schafen immer auftaucht, wenn von Gott und den Menschen die Rede ist. Gott ist der Hirt, und die Menschen sind die Schafe.

Der Herr ist mein Hirt, mir wird nichts fehlen.
Auf saftige Wiesen führt er mich
und zu dem kühlen Wasser.
Da kann man gut ruhen.
Er erfüllt meine guten Wünsche
und zeigt mir den rechten Weg.
Oft muß ich durch dunkle Täler,
aber ich habe keine Angst,
denn du, Gott, bist bei mir,
du beschützest mich mit deinem Stab.
Vor den Augen der Feinde deckst du mir den Tisch.
Solange du bei mir bist, kann ich fröhlich sein.
Deshalb will ich in deinem Haus bleiben
mein Leben lang.

Psalm 23

Das Vertrauen auf den HERRN spricht auch aus dem 121. Psalm:
Ich hebe meine Augen auf zu den Bergen.
Wer wird mir helfen?
Meine Hilfe kommt von dem Herrn,
der Himmel und Erde gemacht hat.
Er wird deinen Fuß nicht gleiten lassen.
Der dich behütet, schläft nicht.
Immerfort hält er seine Hand über dich,
da kann dich die Sonne nicht stechen,
und auch des Nachts brauchst du
keine Angst zu haben.
Der Herr ist bei dir alle Tage.

Sieben Brüder trotzen einem bösen König

Eines Tages ließ der König Antiochus sieben Brüder aus ihrem Haus holen. Er schrie sie an: „Wenn ihr nicht meinen Götzen opfert, müßt ihr alle sterben." Der älteste der Brüder sprach: „Wir wollen eher sterben als deinen Götzen opfern." Da ließ der König ihn lebendig in einer Pfanne braten und sagte zu den übrigen Brüdern: „So wird es auch euch ergehen, wenn ihr nicht vor meinem Götzen niederfallt." Einer antwortete ihm: „Du kannst uns dieses Leben nehmen, aber der König der Welt wird uns am Tag der Auferstehung das ewige Leben geben." Da mußte auch er sterben, und noch vier seiner Brüder folgten ihm in den Tod. Endlich waren nur noch der jüngste und die Mutter übrig.

Antiochus sprach zu dem jüngsten Sohn: „Ich will dich reich und glücklich machen, und nichts soll dir fehlen, wenn du den Gott deiner Väter verachtest." Doch das Kind schüttelte nur den Kopf. Da sagte der König zu der Mutter: „Rede ihm gut zu. Auf dich wird er eher hören." Die Mutter sprach zu ihrem Kind: „Habe keine Angst vor diesen bösen Männern. Fürchte nur den HERRN und denke daran, daß ich dich mit deinen Brüdern im ewigen Leben wiedersehen will. Dort wartet Gott, unser Vater, schon auf uns."

Während die Mutter noch mit ihm redete, sagte der Sohn zu den Soldaten: „Worauf wartet ihr noch? Ich folge nicht dem Befehl eures Königs, ich gehorche nur unserem Gott." Und zum König Antiochus gewendet, sprach er: „Freue dich nicht zu früh, du Mörder, die Hand des allmächtigen Gottes wird dich bald erreichen." Da wurde der König rot vor Zorn und befahl seinen Soldaten: „Ergreift die beiden und quält sie noch grausamer als die anderen sechs!"

Als sie alle tot waren, sprachen die Soldaten untereinander: „Was ist das für ein Gott, daß sie so freudig für ihn sterben?" Sie wußten nicht, daß die sieben makkabäischen Brüder mit ihrer Mutter an das ewige Leben glaubten und daß kein irdischer König ihnen dieses ewige Leben rauben konnte.

So lenkte denn Gott die Augen der Israeliten immer mehr von ihrem irdischen Königreich fort auf jenes Reich hin, das nie vergeht. Jetzt mußten sie ihr eigenes Reich nicht mehr gegen den Angriff mächtiger Feinde verteidigen. Fremde Könige herrschten über Jerusalem, und so hatten die Israeliten Zeit genug, über das Königreich nachzudenken, das nach dem Tode kommt.

Und so kam es, daß sie nicht mehr um jeden Preis am Leben hingen, wenn die Könige dieser Welt sie zum Verrat an Gott zwingen wollten. Das ewige Leben war ihnen wertvoller als die Versprechungen der fremden Könige, welche über Israel Gewalt hatten.

Bald darauf fiel der König Antiochus von einem Wagen und verletzte sich schwer. Würmer fraßen ihn bei lebendigem Leibe auf. Als er den Tod vor Augen sah, jammerte er: „Es ist nicht gut für den Menschen, sich wie ein Gott aufzuspielen. Wenn ich wieder gesund werde, will ich Gott im Tempel zu Jerusalem viele prächtige Geschenke machen." Er wußte nicht, daß Gott von den Menschen keine prächtigen Geschenke will. Gott will ein gutes Herz und gute Taten. Gott sieht auf das Herz des Menschen, nicht auf die Geschenke, die er in seinen Händen hält.

In dem Kampf, in dem Antiochus von seinem Wagen fiel, starben auch viele Israeliten. Judas, ein frommer Mann, fand in ihren Händen Gold, das sie von den Götzenbildern des Antiochus genommen hatten. Dieses Gold zu nehmen, war den Israeliten verboten. Judas betete zu Gott: „Verzeih den Götzendienern!" Dann ließ er in Jerusalem ein Opfer für die Rettung ihrer Seelen darbringen und sprach dabei: „Es ist ein heilsamer Gedanke, für die Verstorbenen zu beten, damit sie von ihren Sünden reingewaschen werden."

Damit lenkte Judas die Gedanken der Israeliten wieder auf das Reich, das nach dem Tode kommt. Er wollte nicht, daß die gefallenen Israeliten das ewige Leben verlören, und er rief seinen Leuten zu: „Haltet euch an den, der euch das ewige Leben geben kann."

Das neue Jerusalem ist nicht aus Stein

Nach der Rückkehr aus der Babylonischen Gefangenschaft hatten die Israeliten keinen König mehr. Sie wollten Jerusalem auch nicht mehr zur größten und schönsten Stadt der Welt ausbauen. Sie hatten gesehen, daß die stärksten Mauern nicht bestehen können, und sie ahnten, daß Gott ein neues Jerusalem errichten werde, aber nicht ein Jerusalem aus Stein und Erz. Dieses neue Jerusalem würde in ihren Herzen sein. Seine Mauern waren ein starker Glaube, und seine Schätze waren eine große Liebe zu Gott und den Menschen. Dieses neue Jerusalem konnte kein König dieser Welt zerstören, und der Herr der neuen Stadt würde nicht wie ein siegreicher Feldherr hoch zu Pferde in die Mauern reiten. Der Herr des neuen Jerusalem würde bescheiden seinen Einzug halten, ohne Lärm und Glanz. So sagte es einer der Propheten Israels voraus: „Freue dich, Tochter Sion, juble laut, Tochter Jerusalem! Siehe, dein König kommt zu dir, ein Gerechter und ein Helfer. Er kommt auf einer Eselin geritten, auf einem Füllen, dem Jungen eines Lasttiers." Der neue König braucht keine Soldaten. Sein Gefolge sind die Armen, sind alle jene, die wissen, daß sie arm sind an Leib und Seele, arm an Hoffnung und Liebe, und daß nur Gott allein sie reich machen kann.

Der Messias ist nahe

Bis jetzt waren die Feinde Israels aus dem Osten und dem Süden gekommen. Doch mit der Zeit wurden diese fremden Völker alt und schwach, und im Westen, dort, wo heute Italien ist, stand ein mächtiges Volk auf und eroberte ein Land nach dem anderen. Die Eroberer nannten sich Römer. Es dauerte nicht lange, da kamen sie auch nach Palästina. Ihr Feldherr war Pompejus. Der erstürmte Jerusalem und sagte: „Den neuen König bestimmen wir.“ Doch die Römer wollten nicht, daß einer von den Israeliten König würde, denn sie sagten: „Ein israelitischer König wird nur für die Israeliten sorgen.“ Deshalb ernannten sie den Ausländer Herodes zum König in Jerusalem.

Da nahmen die Israeliten die Schriften der Propheten zur Hand und sprachen: „Laßt uns nachlesen, welche Zeichen das Kommen des Messias ankündigen.“ Und in den Schriften des Propheten Daniel fanden sie den Satz, daß siebzig Jahreswochen vergehen müßten, ehe der Messias, der verheißene Erlöser, käme. Diese Frist war bald vorbei. An einer anderen Stelle lasen sie: „Besteigt ein Ausländer den Königsthron in Jerusalem, dann ist die Ankunft des Erlösers nahe.“ Nun war Herodes, ein Ausländer, auf dem Thron, und die frommen Israeliten sagten: „Bald ist unser Erlöser da.“

Sie konnten den Augenblick nicht erwarten, daß der Heiland zu ihnen käme, und so riefen sie zum Himmel: „Tauet, Himmel, den Gerechten, Wolken, regnet ihn herab! Die Erde tue sich auf und sprosse den Heiland hervor!“

So hielten sie in den Wolken nach ihm Ausschau, sie blickten auf das Meer, und sie standen an den Straßen und warteten voller Ungeduld auf den Heiland, der den Frieden bringen und die Menschheit wieder mit Gott versöhnen sollte.

Warum der König Zemach heißt

Als die Israeliten noch in der Hand der Babylonier waren, da hatte der Prophet Zacharias einen Traum: Er sah einen Mann, und sein Name war Zemach, das heißt: das Reis. Auf dem Bild hält er das Reis in der Hand. Es wird wachsen in seiner Hand, und er, Zemach, wird den Tempel des HERRN bauen und sich auf den Thron setzen. Zemach wird König und Priester zugleich sein, und so wird Friede sein zwischen König und Priester.

Ein andermal erblickte Zacharias im Traum das neue Jerusalem. Es hatte keine festen Mauern, und unzählige Menschen drängten sich in den Straßen. Aber nicht alle waren Israeliten, und so wußte Zacharias, daß der Messias nicht nur zu den Israeliten kommen würde. Seine Liebe sollte allen Menschen auf der Erde gehören, ob sie nun Israeliten oder Heiden waren. Viele Heiden sahen das Gewimmel in der Stadt und eilten herbei. Alle, die kamen, wurden von dem neuen Herrn freundlich empfangen, und sie wunderten sich sehr.

Das neue Jerusalem steht allen offen

In einem anderen Traum hörte der Prophet Zacharias eine Stimme vom Himmel herab, die sprach: „Ich will wieder nach Jerusalem kommen und dort wohnen, und man wird Jerusalem die Stadt der Wahrheit nennen, denn dort kann man erfahren, was richtig und was falsch ist." Um den Menschen die Wahrheit zu verkünden, sendet Gott keine Propheten mehr. Diesmal schickt er seinen eigenen Sohn. Der soll den Menschen sagen, wie sie leben müssen.

Alles wird wieder neu werden in Jerusalem. In seinen Häusern sollen nicht mehr nur alte Männer und Frauen wohnen. Die Straßen werden voll sein von spielenden Kindern, und diese Kinder werden neue Gedanken haben.

Zacharias hörte die Stimme des HERRN: „Ich habe euch in die Gefangenschaft geführt, weil ihr schlecht wart in euren Herzen. Wenn ihr nun nach Jerusalem zurückkehrt, dann belügt einander nicht mehr und bewahret den Frieden. Wenn einer weint, dann fragt ihn, was er hat, und wenn ein Kind seinen Vater verloren hat, dann helft ihm und seiner Mutter, damit sie nicht Not zu leiden brauchen."

Der HERR sprach weiter zu Zacharias: „Wenn ihr wieder in Jerusalem seid, dann macht eure Türen nicht zu, wenn Fremde zu euch kommen und fragen: Dürfen wir mit euch gehen zum HERRN und ihn bitten, er möge auch in unsere Häuser kommen? Es werden die Heiden in großen Scharen kommen, um vor dem HERRN zu beten. Sagt dann nicht: Der HERR ist nur für uns da. In jenen Tagen wird es geschehen, daß hinter jedem Israeliten zehn fremde Menschen herlaufen und den Zipfel seines Mantels greifen. Und die Fremden werden sagen: Wir wollen mit euch gehen, denn wir haben gehört, daß Gott bei euch ist. Es wird nur ein einziger HERR sein, und es wird keinen Unterschied mehr geben zwischen Israeliten und Heiden."

Das hörten viele Israeliten nicht gern. Sie sagten: „Sind wir denn nicht das auserwählte Volk? Gott ist für uns allein da. Wenn er jetzt auch noch für die Heiden sorgen soll, dann bleibt für uns nicht mehr viel übrig, und wir sind mit einemmal ein Volk wie jedes andere auch."

Diese Israeliten dachten nur an sich selber. Sie glaubten, Gott habe die Israeliten nur deshalb aus vielen Völkern ausgesucht, damit sie ein feines Leben hätten. Aber nicht dazu hatte Gott die Israeliten auserwählt. Er wollte vielmehr, daß sie den Glauben an den einzigen und wahren Gott bewahrten und der ganzen Menschheit den Erlöser schenkten. Dieser Erlöser würde für alle Menschen da sein, für Israeliten und Heiden, für Arme und Reiche, für Schwarze und Weiße, für die alten Leute und für die Kinder. Und er würde seine Boten in alle Länder der Erde schicken und allen Menschen von dem einen großen Gott erzählen.

Machen wir es oft nicht genauso wie die Israeliten? Wenn wir etwas Schönes haben, dann wollen wir es nur für uns allein. Gott aber will, daß wir es mit anderen teilen.

Auf einem Esel kommt er angeritten

So sieht der Prophet Zacharias im Traum die Ankunft des Messias in Jerusalem: „Aber du, Tochter Zion, freue dich sehr, und du, Tochter Jerusalem, jauchze! Siehe, dein König kommt zu dir, ein Gerechter und ein Helfer. Er ist arm. Er reitet auf einem Eselsfüllen."

Auf einem Esel also kommt er angeritten, und er hält die Friedenspalme in der Hand. Er reitet nicht sofort wieder um, als er die Trümmer und die Toten sieht. Er hebt die Verwundeten auf und verbindet sie. Er sagt zu ihnen: „Rächt euch nicht an euren Feinden. Wenn ihr wieder aufstehen könnt, dann geht zu eurem Feind und sagt ihm: Wir wollen uns jetzt vertragen." Der Messias ist kein Kriegsheld, der mit dem Schwert den Kampf beendet und gewaltsam Ruhe schafft. Seine einzige Waffe ist die Liebe. Er mahnt die Streitenden, alles zu tun, damit der Friede bewahrt wird.

Er geht nicht nur zu den Feldherren, sondern auch zu den einfachen Soldaten und sagt: „Ihr seid nicht besser als eure Generäle, denn auch ihr habt Lust am Streiten. Ändert euch, dann wird der Friede kommen. Werdet gute Menschen."

Vielleicht findet ihr es dennoch sonderbar, daß der Messias auf einem Esel angeritten kommt. Doch die Israeliten störte der Esel nicht. Saul und David, die große Könige wurden, hüteten in ihrer Jugend Schafe und Esel, und auf der Suche nach seines Vaters Eselinnen fand Saul ein Königreich. Schafe und Esel hüten war für die Israeliten keine niedrige Arbeit. So erschien ihnen also der Messias, der auf einem Esel reiten würde, als ein guter Hirt. Einen guten Hirten hatten sie dringend nötig, denn viele falsche Hirten hatten Israel in die Irre geführt.
Die falschen Hirten waren Menschen, die nur ihren eigenen Vorteil suchten, so die Könige, die den Armen und Schwachen das wenige fortnahmen, das sie noch besaßen. Falsche Hirten waren auch die Beamten, die den Reichen halfen, auch wenn diese Böses getan hatten, und auch viele Priester hatten sich als schlechte Hirten erwiesen. Sie hatten die Leute zum Bösen verführt, statt ihnen das Wort Gottes zu verkündigen und selber ein gutes Beispiel zu geben. Wenn ein Schaf krank wurde, dann versuchten sie es nicht zu heilen, sondern sie stürzten es in den Abgrund hinunter. Oder sie ließen das schwache Schaf einfach zurück. Dort mußte es dann verhungern. Manchmal kam auch ein wildes Tier und biß es tot.
Der Messias, der kommen wird, hat eine Stimme, die den Schafen so vertraut klingt wie die Stimme Gottes selber. Hat sich ein Schaf im Gebirge verlaufen, dann geht er ihm nach, bis er es gefunden hat. Er nimmt es auf seine Schultern und bringt es zur Herde zurück. Wenn die wilden Tiere angeschlichen kommen, dann läuft der gute Hirt nicht fort. Er stellt sich vor seine Schafe und kämpft mit den Räubern. Er weiß, daß diese Räuber scharfe Zähne haben und so schnell nicht von ihrer Beute lassen. Dennoch tritt der gute Hirt ihnen mutig entgegen, und er ist sogar bereit, sein Leben für seine Schafe hinzugeben.

Einer will nicht mehr länger Lämmer opfern

Wenn wir einen Menschen liebhaben, dann machen wir ihm ein Geschenk. So tun wir es auch mit Gott. Um ihm zu zeigen, daß wir ihn lieben und ihm für alles Gute danken wollen, schenken wir ihm etwas. Wenn wir aber etwas schenken, dann fragen wir uns vorher: Was sollen wir denn schenken? Welches Geschenk wird demjenigen, der es bekommen soll, die größte Freude machen?
Solche Gedanken lesen wir auch im Gesicht des Priesters auf diesem Bild. Er ist dabei, ein Lamm zu opfern. Er hat die Arme ausgebreitet, so als wollte er sagen: „Sollen wir denn in alle Ewigkeit dasselbe tun? Jeden Tag in den Tempel gehen und Gott Tiere opfern? Gibt es denn keine andere Opfergabe? Gibt es nicht vielleicht ein Opfer, das Gott lieber ist als Lämmer und Früchte aus Feld und Garten?"
Er hält die Hände fragend ausgebreitet, und er blickt nach oben, so als erwarte er von dort eine Antwort. Und vielleicht denkt er: „Der Messias, der bald kommen wird, weiß sicher auch auf diese Frage eine Antwort."
Den Mann, der neben dem Priester steht, scheinen solche Fragen nicht zu quälen. Er sieht so aus, als denke er: „Warum macht der Priester nicht voran? Was gibt es da noch lange zu überlegen? Das Opfertier ist da. Was brauchen wir noch mehr?" Er ist einer von denen, die sagen: „Es war immer so. Warum sollte es anders werden?" Er ist noch nicht unruhig geworden. Er tut, was im Gesetz aufgeschrieben steht. Dem Priester dagegen genügt das Gesetz nicht mehr. Er wartet auf die Botschaft des Messias, den die Propheten verheißen haben.

Der Messias ist ganz nahe

Als die Zeit herankam, da der Messias geboren werden sollte, sprachen viele Israeliten: „Hört überall herum und fragt, ob der Messias noch nicht da ist." Aber in den großen Städten erhielten sie keine Antwort. Dort kamen täglich Fremde an, doch die berichteten von Kriegen, von Schiffsunglücken oder von anderen interessanten Neuigkeiten. Auch warteten sie nicht auf den Messias, und sie sagten: „In der Stadt haben wir immer unser Vergnügen. Was wollen wir denn mehr?"

Da sagten viele fromme Israeliten: „In den Städten ist es viel zu laut. Hier in diesem Trubel erfahren wir am Ende gar nicht, wenn der Messias angekommen ist. Wir wollen in die Wüste gehen und aufpassen, ob wir ihn nicht sehen." Und so gingen sie in die stille Wüste hinaus. Dort sahen sie den Messias nicht. Deshalb hoben sie ihre Hände zum Himmel und riefen: „Komm doch im Tau zu uns herunter, du Gerechter! Wir warten schon lange auf dich!" Und wenn dunkle Wolken am Himmel aufzogen, riefen sie: „Regnet ihn herab, damit wir ihn endlich bei uns haben!"

Auf unserem Bild haben sich einige Israeliten versammelt, um das Osterlamm zu essen. Sie taten dies jedes Jahr in Erinnerung an den Auszug aus Ägypten, und sie sagten: „So wie uns der HERR damals aus der Hand der Ägypter gerettet hat, so wird er uns auch diesmal retten."

Die Männer auf diesem Bild blicken zur Tür, so als warteten sie auf einen, der ihnen die frohe Botschaft bringt, daß der Erlöser da ist. Sie haben das Lamm noch nicht angerührt. Man könnte sagen, sie warten auf eine andere Speise, auf ein anderes Lamm. Und diese neue, wunderbare Speise wird der Messias selber sein.

Die frommen Israeliten sprachen zueinander: „Wir wollen ganz still sein, wir wollen uns ganz einfach kleiden und beten und arbeiten vom Morgen bis zum Abend. So bereiten wir uns am besten auf die Ankunft des Messias vor."

Aus dem Kreis dieser „Armen im Geiste", die in der Wüste lebten, kam auch ein Mann mit Namen Johannes. Er trug einen rauhen Rock und aß nur Heuschrecken und wilden Honig. Johannes ging an den Jordan, taufte die Leute und sprach zu ihnen: „Tut Buße. Das Himmelreich ist nahe!" Da fragten die Leute: „Was sollen wir denn tun?" Johannes antwortete ihnen: „Wer zwei Röcke hat, der gebe dem einen mit, der keinen hat. Wer anderen etwas abgenommen hat, der gebe es zurück." Bevor sie wieder in ihre Dörfer gingen, rief er ihnen nach: „Bereitet dem HERRN den Weg. Wenn er kommt, dann soll alles, was krumm ist, gerade sein, und was uneben ist, soll ebener Weg werden. Und alle Menschen werden das Heil Gottes schauen."

Da dachten die Leute: „Ob dieser Mann nicht schon der Messias ist?" Doch Johannes erriet ihre Gedanken und rief: „Ich bin nicht der Messias. Ich taufe euch mit Wasser. Nach mir aber wird einer kommen, der ist größer als ich, und er wird euch mit dem Geist und mit Feuer taufen. Ich bin nicht würdig, ihm die Schuhriemen aufzubinden."

Während er noch so sprach, kam der Messias an den Jordan, und Johannes erkannte ihn sofort.

Neues Testament

Vor vielen tausend Jahren hat Gott sich ein Volk ausgesucht: die Israeliten. Ihnen hat er einige seiner Gedanken mitgeteilt, und er hat mit ihnen einen Bund geschlossen.
Damals schon hatte Gott seinem auserwählten Volk vorausgesagt, daß er noch deutlicher zu den Menschen reden werde. Wenn einer ausspricht, was er denkt und fühlt, dann sagt man: er offenbart sich. So hat Gott sich zuerst den Israeliten offenbart, aber er hat ihnen zugleich gesagt, daß diese Offenbarung noch nicht abgeschlossen sei.
Der Höhepunkt der Offenbarung ist Jesus Christus. Er ist Gottes Sohn, aber er erscheint in Menschengestalt unter den Menschen, um klarzumachen, daß Gott den Menschen immer nahe ist, und daß er sie liebt. Die Israeliten haben sehnsüchtig auf das Erscheinen des Gottessohnes gewartet, denn in ihrer langen Geschichte hatten sie erfahren, daß der Mensch ohne Gott nichts vermag und ohne Gottes Hilfe verloren wäre. Jesus Christus ist das lang erwartete Wort Gottes an die Menschen. Es dringt über die Grenzen Israels hinaus in alle Welt, und alle Menschen sollen es hören. In dem, was Christus tut und sagt, wird Gott uns deutlicher. Durch ihn sind wir erlöst und wieder Kinder Gottes geworden.
Wenn wir Jesus Christus das Wort Gottes nennen, dann bedeutet das nicht, daß seine Offenbarung sich nur auf Worte beschränkte. Wichtiger als alle seine Worte ist das Beispiel, das er den Menschen gibt. Er hilft den Notleidenden, und er gibt denen, die von anderen verlacht oder verachtet

werden, neuen Mut. Er liebt sogar seine Feinde. Als er am Kreuz hängt und fürchterliche Schmerzen leidet, da bittet er Gott Vater, er möge seine Peiniger nicht bestrafen. Jesus Christus verlangt von den Menschen nichts, was er nicht selber auch zu tun bereit war. Durch sein Beispiel wissen wir, daß wir Gott am besten dienen, wenn wir unsere Mitmenschen lieben.

Die Offenbarung Gottes durch Jesus Christus ist in vielen Büchern aufgeschrieben. Man nennt sie auch das Neue Testament. Diese Bücher sind mehr als eine genaue Beschreibung des Lebens und Sterbens Jesu Christi. Worum es den Verfassern dieser Bücher geht, sagt uns einer von ihnen, der heilige Johannes: „Diese aber sind geschrieben, damit ihr glaubt, daß Jesus der Messias, der Sohn Gottes ist, und damit ihr durch den Glauben das Leben habt in seinem Namen.“ Die Verfasser wollen also vor allem ihren Glauben an Jesus Christus bezeugen, und sie wollen bei anderen denselben Glauben wecken.

Wenn ihr älter geworden seid, sollt ihr den vollständigen Text der Bücher des Neuen Testaments lesen. Wo ihr die ursprüngliche Fassung der in der Patmos-Bibel wiedergegebenen Stellen finden könnt, ist im Inhaltsverzeichnis genau angegeben. Wenn ihr aufmerksam in diesen Büchern lest, wird euer Wissen vom Wort Gottes immer reicher und tiefer werden. Dann kann es geschehen, daß sich dieses Wissen unmerklich in Liebe wandelt. Darauf kommt es an; denn der wichtigste Satz in den Büchern des Alten und des Neuen Testaments lautet: Du sollst Gott lieben und du sollst deinen Mitmenschen lieben, denn er ist Mensch wie du.

Wie Paulus nach Troas kam

Troas liegt in der Türkei, weit weg von Jerusalem. Aber die Botschaft Jesu Christi ist schon bis hierher gedrungen, und in Troas gibt es bereits eine kleine christliche Gemeinde. Wenn eine Frau ihren Mann verloren hat, dann helfen die Christen ihr und den Kindern in der größten Not. Viele verkaufen das meiste von dem, was sie haben, und geben das Geld den Armen. Sie tun ihre Arbeit, reden nicht über andere und sind zu jedermann freundlich. Das sehen die Leute in Troas, und sie sagen: „Seht, wie die Christen einander lieben."

Viele Juden in Jerusalem meinen: „Christus ist gekommen, um Israel wieder zu einem mächtigen Reich zu machen. Von den vielen Heiden will er nichts wissen." Manche, die nicht Juden sind, werden traurig, wenn sie solche Worte hören, und sie denken: „Gott ist doch für alle da." Die Männer, die als erste die frohe Botschaft Jesu Christi in die Welt hinaustragen, versichern den Nichtjuden, daß Christus auch für sie da ist. Einer dieser Männer ist Paulus. Die Christen in Troas freuen sich; denn Paulus ist zu ihnen unterwegs. Er will ihnen mehr von Jesus Christus erzählen.

Am Abend gehen die Christen von Troas in das Haus, in dem sie sich immer versammeln. Bald kommt Paulus. Den hat Gott dazu auserwählt, allen Menschen das Wort Gottes zu verkünden. Zuerst essen sie mit Paulus zusammen ihr Abendbrot und trinken ihren Wein. Sie tun dies zur Erinnerung an das Abendmahl, das Christus in der Nacht vor seinem Tod mit seinen Jüngern gehalten hat. Indem sie so im Namen Christi zusammen das Brot essen und den Wein trinken, kommen sie Christus näher und werden auch untereinander

bessere Freunde. Paulus ermahnt sie, so oft wie möglich zum gemeinsamen Abendmahl zusammenzukommen. Er erinnert sie an das Wort Christi: „Wo zwei oder drei in meinem Namen zusammen sind, da bin ich mitten unter ihnen."
Paulus will am nächsten Tag schon weiterreisen; deshalb spricht er zu der Gemeinde in Troas bis in die Nacht hinein. Am Fenster sitzt ein junger Mann mit Namen Eutychus. Da es schon spät ist, schläft er ein. Das Fenster ist offen. Im Schlaf fällt er hinaus und drei Stockwerke hinunter auf den Hof. Er ist tot. Auch Paulus läuft mit den anderen die Treppe hinunter zu dem Toten. Er beugt sich über ihn und sagt: „Weint nicht, denn er lebt." Schon steht Eutychus auf, und alle freuen sich. Wieder geht Paulus mit ihnen hinauf und spricht zu ihnen bis zum Morgen. Sie werden froh bei seinen Worten. Er sagt ihnen, daß der Sohn Gottes von den Toten auferstanden ist und alle, die das Wort Gottes hören und es befolgen, mit Jesus Christus das ewige Leben haben.

Paulus wird ein Bote Christi

Paulus war nicht von Anfang an ein Bote Jesu Christi. Als junger Mann gehörte er jener Gruppe von Juden an, die sich Pharisäer nannten. Die Pharisäer waren strenge Menschen. Sie erfüllten alles, was im Gesetz des Moses vorgeschrieben war, sehr genau. Sie hielten am Alten fest und sagten: „Wir brauchen nichts Neues." Sie dachten wie die meisten Menschen: „Alles soll bleiben, wie es ist."

So ist es nur natürlich, daß viele von ihnen mit Jesus Christus nicht einverstanden waren. Was er sagte und tat, war für sie zu neu, zu ungewohnt, und die heftigsten unter ihnen meinten: „Man muß Christus und seine Anhänger bekämpfen." Einer dieser heftigen Pharisäer war Paulus.

Einmal war er auf dem Weg nach Damaskus. Er wollte dort in allen Häusern nach Christen suchen und sie gefangennehmen. Plötzlich war über ihm ein helles Licht. Er stürzte vom Pferd und hörte eine Stimme, die sprach: „Paulus, Paulus, warum verfolgst du mich?" Er aber fragte: „Wer bist du, Herr?" Die Stimme antwortete: „Ich bin Jesus, den du verfolgst." Zitternd sagte Paulus: „Sage mir, was soll ich tun." Der Herr sprach zu ihm: „Steh auf und geh in die Stadt. Da wird man dir sagen, was du tun sollst."

Die Männer, die mit ihm geritten waren, standen sprachlos da. Sie hatten zwar die Stimme gehört, aber niemanden gesehen. Paulus stand auf. Da merkten seine Begleiter, daß er nicht mehr sehen konnte. So nahmen sie ihn an der Hand und führten ihn nach Damaskus. Drei Tage lang konnte er nicht sehen, und er aß und trank auch nicht.

In Damaskus wohnte ein Jünger Jesu, der hieß Ananias. Zu dem sprach der Herr: „Geh und frage im Haus des Judas nach einem Mann aus Tarsus, der Paulus heißt. Paulus ist dort und betet." Ananias aber bekam einen Schrecken und erwiderte: „Herr, weißt du denn nicht, wieviel Böses dieser Mann deiner Gemeinde in Jerusalem schon angetan hat? Er ist gekommen, um alle, die deinen Namen anrufen, gefangen nach Jerusalem zu führen. Zu dem soll ich gehen?" Der Herr antwortete dem Ananias: „Tu, was ich dir gesagt habe. Ich habe den Paulus aus vielen ausgewählt, damit er den Heiden und den Juden die großen Taten Gottes verkündet." Da ging Ananias in das Haus des Judas, legte dem Paulus die Hände auf und sagte: „Bruder Paulus, der Herr, dem du vor der Stadt begegnet bist, schickt mich zu dir, damit du wieder sehen kannst und vom Heiligen Geist erfüllt wirst." In demselben Augenblick konnte Paulus wieder sehen. Er aß und trank und kam wieder zu Kräften, und man taufte ihn.
Sofort ging Paulus hinaus und predigte, daß Jesus der Sohn Gottes sei. Als die Leute ihn sahen, sprachen sie: „Ist das nicht der Mann, der die Christen allesamt töten wollte? Was ist denn mit ihm geschehen?" Paulus machte sich nichts aus ihren Reden und fuhr fort zu predigen. Da beschlossen die Pharisäer, den Paulus zu töten. Doch der Herr beschützte ihn.

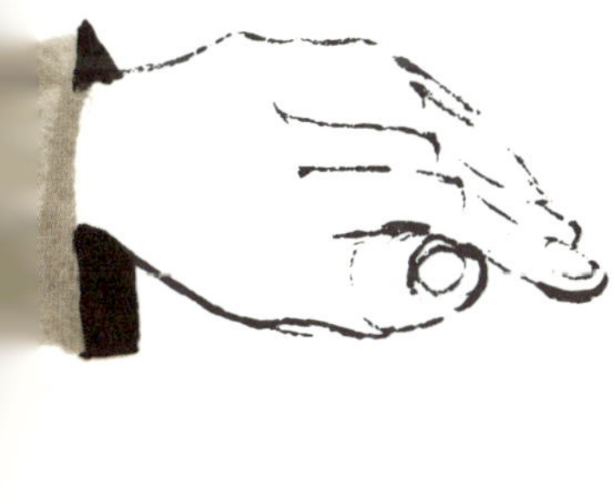

Christus ist das Licht der Welt

Rechts auf diesem Bild erkennen wir vier Männer. Das sind die Menschen in der Welt. Links steht Jesus Christus. Er blickt auf die Menschen.
Ganz rechts steht ein Mann wie in tiefem Schlaf. Es ist dunkel um ihn her. Wenn er nicht da stünde, würden wir vielleicht sogar sagen: „Er ist tot." Der Mann, der weiter links steht, wirkt dagegen schon lebendiger. Zwar sind seine Augen immer noch geschlossen, aber die rechte Hand ist schon ein wenig erhoben. Es ist, als habe ihn etwas aus dem Schlafe aufgestört. Die Augen des Mannes an seiner linken Seite sind schon weit geöffnet, und es ist heller um ihn herum. Erwartungsvoll blickt er nach links, dorthin, woher das Licht kommt. Der Mann, der rechts von Jesus steht, ist dem Licht ganz nahe. Er hebt die Hand, so als wolle er dieses Licht grüßen. Aber er scheint auch zu fragen: „Was soll ich tun?"
Das Licht ist Jesus Christus. Es weckt die Menschen auf. Dieses Licht ist nun nichts anderes als das Wort Gottes. Je weiter die Menschen von diesem Licht entfernt sind, desto dunkler ist es in ihrem Innern. Sie haben kein Ziel und keine Kraft. Sie wissen nicht, was sie tun sollen. Je näher sie dem Licht stehen, das Jesus Christus in die Welt gebracht hat, desto wacher wirken sie. So ist es kein Zufall, daß Paulus vor Damaskus über sich ein Licht sieht. Das Wort Gottes kommt im Licht zu ihm, und es sagt ihm, was er tun soll. Paulus erwacht wie aus einem tiefen Schlaf. Von nun an wird er auf das Wort Gottes hören. Jesus Christus will uns alle aus dem Schlaf aufwecken, und er will uns sagen, daß wir das Gute tun sollen.

Wir verstehen jetzt auch, warum die Propheten des Alten Bundes den Heiland, Jesus Christus, mit einem Licht vergleichen. Jesaja sagt: „Das Volk, das im Finstern wandelt, sieht ein großes Licht, und über die, welche da wohnen im finsteren Land, scheint es ganz hell.“ Und an einer anderen Stelle ruft er Jerusalem zu: „Mache dich auf, werde hell, denn dein Licht kommt, und die Herrlichkeit des Herrn strahlt auf über dir. Denn siehe, Finsternis bedeckt die Erde und Dunkel die Völker, über dir aber strahlt auf der Herr, und seine Herrlichkeit erscheint über dir. Und Völker strömen zu deinem Licht und Könige zu dem Glanz, der über dir aufstrahlt.“

So wie die Pflanzen das Licht der Sonne brauchen, damit sie leben und wachsen können, so brauchen wir das Licht der Botschaft Jesu Christi, damit unsere Herzen nicht verkümmern. In seinem Licht wachsen uns neue Kräfte, und es ist nur natürlich, daß der Mann in unserem Bild, der ganz rechts im Dunkeln schläft, älter aussieht als der, welcher dem Licht Jesu Christi ganz nahe ist. Christus macht das Alte neu und jung, und klar wie das Licht ist auch seine Botschaft. Jedermann kann sie verstehen, auch die Kinder. Hell wie das Tageslicht ist seine Forderung: „Wenn ihr antwortet, sagt ja oder nein.“ Er will keine Ausreden, will kein Hin und Her. Er will die reine Wahrheit.

Viele wollen die Wahrheit nicht hören und auch nicht die Wahrheit sagen. Sie bleiben lieber im Dunkeln. Sie lieben die Dunkelheit, weil sie das Böse lieber haben als das Gute. Weil nun das Licht, das Jesus Christus heißt, in alle dunklen Winkel hineinleuchtet, sagen viele von denen, die lieber im Dunkeln bleiben: „Fort mit diesem Licht!“ Und so kommt es, daß sich nicht alle freuten, als Christus kam, um der Welt das Licht zu bringen.

Ein Kind mit Namen Johannes wird geboren

Vor allem vier Männer haben aufgeschrieben, was Jesus gesagt und getan hat: Matthäus, Markus, Lukas und Johannes. Man nennt sie Evangelisten. Die vier Berichte vom Leben Jesu heißen Evangelien. Evangelium bedeutet: frohe Botschaft.

Wir nennen von den vier Evangelisten hier Lukas zuerst, weil er als einziger am Anfang seines Berichts Begebenheiten schildert, die sich vor der Geburt des Heilands zugetragen haben. Lukas stellt die Geschichte des Johannes mit dem Beinamen „der Täufer" an den Anfang, weil dieser als Vorläufer und Vorbote des Heilands sehr bedeutsam ist.

In den Tagen des Herodes, der König von Judäa war, lebte in der Nähe von Jerusalem ein Priester namens Zacharias. Seine Frau hieß Elisabeth. Sie taten viel Gutes, und alle Nachbarn und Verwandten hatten sie gern. Doch eines quälte sie: Sie hatten keine Kinder, und sie hatten sich damit abgefunden, daß sie keine mehr bekommen würden, denn sie waren beide schon ziemlich alt.

Eines Tages nun war Zacharias wieder an der Reihe, Gott im Tempel ein Rauchopfer darzubringen. Vor dem Tempel standen viele Leute und beteten, während Zacharias zum Opfern in das Innere des Tempels ging. Plötzlich erblickte er zu seiner Rechten einen Boten Gottes, der sprach: „Fürchte dich nicht, Zacharias, Gott hat dein Gebet erhört. Deine Frau Elisabeth wird einen Sohn bekommen, den sollt ihr Johannes nennen. Mit euch wird sich mancher über

die Geburt des Jungen freuen, denn er wird groß sein vor dem Herrn. Viele Israeliten wird er auf den rechten Weg zurückbringen."
Zacharias sagte zu dem Boten: „Wir sind doch beide schon zu alt. Wie können wir da noch einen Sohn bekommen?" Da erwiderte ihm der Bote: „Ich bin Gabriel, der vor Gott steht. Weil du mir aber nicht glauben willst, sollst du nicht reden können bis zu dem Tag, an dem das Kind geboren wird."
Elisabeth schenkte einem Jungen das Leben. Die Verwandten wollten ihn Zacharias nennen, doch Elisabeth sagte: „Er soll Johannes heißen." Die Verwandten schüttelten den Kopf und sprachen: „Niemand in deiner ganzen Verwandtschaft heißt Johannes." Da fragten sie den alten Zacharias: „Wie soll der Junge heißen?" Zacharias bat um ein Schreibtäfelchen und schrieb darauf: „Johannes." In demselben Augenblick konnte er wieder sprechen. Er nahm den kleinen Johannes in seine Arme und rief: „Dich werden sie einen Propheten des Allerhöchsten nennen, denn du wirst vor dem Herrn hergehen und ihm die Wege bereiten, und das ganze Volk wird das Heil sehen, das uns der Herr in seiner großen Liebe herabgeschickt hat."
Alle, die das hörten, staunten und sprachen zueinander: „Was wird wohl aus diesem Kinde werden? Die Hand des Herrn ist mit ihm."

Zwei Frauen sind überglücklich

In Nazareth, einer kleinen Stadt in Galiläa, wohnte damals ein Mädchen, das Maria hieß. Es war verlobt mit einem Mann aus dem Stamm Davids. Der verdiente sein Brot als Zimmermann. Sein Name war Joseph.
Eines Tages nun, als Maria allein zu Hause war, kam plötzlich ein Bote Gottes zur Tür herein und sagte: „Ich grüße dich, Maria. Der Herr ist mit dir." Maria aber bekam einen Schrecken und dachte: „Was soll dieser Gruß bedeuten?" Der Bote Gottes, es war Gabriel, bemerkte ihre Angst und sprach: „Fürchte dich nicht, Maria. Gott hat dich aus allen Frauen ausgesucht, denn höre, du wirst einen Sohn bekommen, und du sollst ihn Jesus nennen. Dieser wird ein großer König sein und Sohn Gottes genannt werden. Er ist der Heiland, den alle Propheten verheißen haben, und seine Herrschaft hat kein Ende." Maria aber fragte den Gabriel: „Wie kann ich denn Mutter werden? Ich bin noch nicht verheiratet." Der Bote Gottes antwortete ihr: „Der Heilige Geist wird über dich

kommen und die Kraft des Allerhöchsten in dir sein. Weißt du denn nicht, daß Gott alles kann? Schau, deine Verwandte Elisabeth ist schon alt, und alle sagen: Die kann kein Kind mehr bekommen. Und dennoch wird sie in drei Monaten einen Jungen bekommen, weil Gott es will." Da sagte Maria: „Allein der Wille Gottes soll geschehen. Ich bin bereit." Hierauf ging der Bote Gottes hinaus.

Maria war ganz aufgeregt und dachte: Das muß ich Elisabeth erzählen. Und sie machte sich eilends auf den Weg ins Gebirge und war schon bald in dem Ort, wo Elisabeth und Zacharias wohnten.

Maria umarmte Elisabeth und grüßte sie. Elisabeth wurde vom Heiligen Geist erfüllt und rief mit lauter Stimme: „Gott hat dich aus allen Frauen ausgesucht, seinen eigenen Sohn zur Welt zu bringen. Womit habe ich das verdient, daß die Mutter meines Herrn in mein Haus kommt? Höre, Maria, als du mich grüßtest, da hüpfte das Kind in meinem Leib vor Freude hoch. Es ist gut, dem Herrn zu trauen, denn alles, was er sagt, geht in Erfüllung."

Als Maria das hörte, da sprach sie voller Freude: „Singen will ich dem Herrn und Dank sagen dem Allerhöchsten, denn er hat auf mich herabgeschaut, obwohl ich nur ein armes Mädchen bin. Von jetzt an werden mich alle glücklich preisen, denn Großes hat an mir getan der Allmächtige, und heilig ist sein Name. Er erbarmt sich über die, welche ihn fürchten, die aber hochmütig sind in ihrem Herzen, zerstreut er mit starkem Arm. Mächtige Könige hat er vom Thron gestürzt, und Niedrige hat er erhöht. Hungernden gibt er zu essen, und Reiche läßt er leer ausgehen. In seiner großen Barmherzigkeit hat er Israel, seinem auserwählten Volk, noch stets in aller Not geholfen, wie er es unseren Vätern versprochen hat, Abraham und seinen Nachkommen auf ewig." Maria blieb noch etwa drei Monate bei Elisabeth, dann kehrte sie nach Hause zurück.

Joseph, der Verlobte der Maria, sah, daß sie ein Kind bekommen würde. Er fürchtete das Gerede der Leute. Die würden nämlich sagen: „Sie sind noch nicht verheiratet, und doch bekommt Maria schon ein Kind." Aber Gott half dem Joseph zu verstehen, daß dieses Kind nicht eins wie jedes andere war. Sicherlich kannte Joseph auch die Worte des Propheten: „Ein Mädchen wird einen Sohn gebären, den wird sie Immanuel nennen, das heißt: Gott ist mit uns." Und so war Joseph am Ende bereit, jenem geheimnisvollen Kind, das bald geboren werden sollte, ein guter Vater zu sein.

In einer Futterkrippe liegt der Herr der Welt

In jenen Tagen befahl der römische Kaiser Augustus, alle Bewohner seines Reiches zu zählen und ihre Namen aufzuschreiben. Die Namenslisten sollten den Steuereinnehmern des Kaisers die Arbeit erleichtern. Jeder mußte in die Stadt gehen, aus der seine Familie stammte, um sich dort eintragen zu lassen. Für viele war das ein mühevoller Weg; außerdem waren die Städte in jenen Tagen übervoll, und es war sehr schwer, ein Nachtlager zu finden.

So zog auch Joseph von Nazareth hinauf nach Bethlehem, um sich dort mit Maria eintragen zu lassen. Als sie nun in Bethlehem waren, da spürte Maria, daß sie bald ihr Kind bekommen würde, und Joseph suchte überall nach einer Unterkunft. Doch alle Häuser und Herbergen waren voll von Menschen, und so mußten sie sich schließlich mit einem Stall zufriedengeben. Hier wurde das Kind geboren. Maria wickelte es in Windeln und legte es in eine Krippe, aus der fraßen sonst die Tiere.

In derselben Gegend waren zu dieser Zeit gerade Hirten auf freiem Feld. Die bewachten ihre Herden. Als sie so um das Feuer saßen, da stand plötzlich ein Bote Gottes vor ihnen. Das Licht, das ihn umstrahlte, leuchtete weithin durch die Nacht, und sie fürchteten sich sehr. Der Bote aber sprach zu ihnen: „Ihr braucht keine Angst zu haben, denn ich bin gekommen, um euch eine große Freude zu verkünden.

Heute wurde in der Stadt Davids der Heiland geboren, er ist Christus, der Herr." Da dachten die Hirten: Wie werden wir ihn finden? Da sprach der Bote schon: „Das Kindlein liegt in einer Krippe, und es ist in Windeln eingewickelt." Ganz plötzlich war um den Boten herum eine Menge Engel, die lobten Gott und sprachen: „Ehre sei Gott in der Höhe und Friede allen Menschen, die erkennen, wie gut es Gott mit ihnen meint."
Als der Bote Gottes und die Engel entschwunden waren, da sprachen die Hirten zueinander: „Laßt uns sofort nach Bethlehem laufen und schauen, was dort geschehen ist." Und sie liefen, so rasch sie konnten, in die Stadt und fanden schließlich Maria und Joseph mit dem Kindlein, das in einer Krippe lag. Als sie es erblickten, erzählten sie, was der Bote Gottes ihnen verkündet hatte: daß dies der Heiland sei, Christus, der Herr. Und sie gingen hinaus auf die Straßen und berichteten den Leuten, was sie gehört und gesehen hatten. Alle, die es hörten, wunderten sich sehr. Maria aber behielt diese Worte in ihrem Herzen und dachte lange darüber nach. Die Hirten kehrten zu ihren Herden zurück und lobten Gott mit lauter Stimme und dankten ihm, daß sie die ersten sein durften an der Krippe.
Aber es dauerte noch eine Zeit, ehe sie ganz begriffen, was geschehen war. Das Kind, das da in einer armseligen Krippe war, hatten die Juden viele hundert Jahre lang herbeigesehnt. Jetzt war der Erlöser da, aber er kam nicht als ein mächtiger König. Er wollte es nicht besser haben als die Ärmsten.

Wie auch die Heiden erfuhren, daß Christus geboren war

Christus war nicht gekommen, um nur den Juden das Heil zu bringen. Bald erfuhren auch die Heidenvölker, daß der wahre König erschienen war.
Als Christus geboren war, da kamen drei weise Männer aus dem Osten nach Jerusalem und fragten: „Wo ist der neugeborene König der Juden? Ein Stern hat uns hierhergeführt, und wir sind gekommen, den neuen König anzubeten." Da bekam Herodes, den die Römer zum König von Jerusalem gemacht hatten, einen Schrecken, und er dachte: „Wenn ein neuer König kommt, dann muß ich gehen." Und er rief alle Weisen in Jerusalem zusammen und fragte: „Könnt ihr mir sagen, wo der Heiland geboren werden soll?" Sie schauten in den Büchern der Propheten nach und sagten: „In Bethlehem wird er geboren." Da überlegte Herodes, wie er das Kind umbringen könnte. Er sprach zu den drei weisen Männern: „Geht nach Bethlehem und sucht das Kind. Wenn ihr es dann gefunden habt, kommt schnell zurück und sagt mir, wo es ist. Denn auch ich will hingehen und es anbeten."
Die drei Männer machten sich auf den Weg. Da sahen sie über sich wieder den Stern, dem folgten sie. Endlich blieb der Stern über dem Haus stehen, in dem Jesus war. Sie freuten sich sehr, daß sie nun den König der Welt gefunden hatten. Sie gingen in das Haus, fanden das Kind mit seiner Mutter, fielen auf die Knie und erwiesen ihm große Ehren. Sie hatten auch Geschenke mitgebracht, wie man sie nur einem König macht: Myrrhe, Weihrauch und Gold.
Als sie des Nachts schliefen und sich ausruhten von der langen Reise, da hörten sie im Traum eine Stimme, die sprach: „Geht nicht mehr zu Herodes zurück! Der will Jesus töten." Also kehrten die drei Männer auf einem anderen Weg in ihr Land zurück und erzählten überall, daß das Heil der Welt in Bethlehem auf die Erde herabgekommen war.

Was Simeon über Jesus sagte

In dem Gesetz des Moses stand: „Alle Eltern sollen den ersten Sohn, der ihnen geboren wird, dem Herrn weihen." Also gingen auch Maria und Joseph hinauf nach Jerusalem, um den kleinen Jesus in den Tempel zu bringen und ihn dort dem Herrn zu weihen, das heißt: Maria und Joseph sagten Gott im Gebet, er möge mit dem Kind tun, was er wolle, es sei immer sein. Wenn sie gebetet hatten, dann opferten die Eltern ein Paar Turteltauben.

Als nun Maria und Joseph in den Tempel kamen, da sahen sie einen alten Mann mit Namen Simeon. Der wartete sehnsüchtig auf den Heiland, den die Propheten vorausgesagt hatten. Eine Stimme, die von Gott kam, hatte ihm an diesem Tag gesagt: „Geh heute in den Tempel."

Als er das Kind erblickte, nahm er es auf seinen Arm und rief mit lauter Stimme: „Nun kann ich ruhig sterben, Herr, denn meine Augen haben dein Heil gesehen, das du für alle Menschen herabgeschickt hast, ein Licht, das den Heiden die Augen öffnet und den Namen Israels groß macht für alle Zeiten."

Maria und Joseph wunderten sich über diese Worte. Simeon sprach zu Maria: „Viele in Israel werden gerettet werden durch dieses Kind, aber es wird auch Menschen geben, die nicht auf sein Wort hören wollen und deshalb zugrunde gehen. Sie werden aufstehen gegen Christus und rufen: ‚Wir wollen ihn nicht!' Deshalb wirst du, Maria, viel leiden müssen. Aber diese Leiden müssen sein, damit die Menschen sich darüber klarwerden, ob sie für oder gegen Gott sein wollen."

Wie Jesus einmal in Jerusalem zurückblieb

Jedes Jahr gingen die Eltern Jesu hinauf nach Jerusalem, um dort das Osterfest zu feiern. Als Jesus größer wurde, nahmen sie ihn mit.
In dem Jahr nun, in dem Jesus zwölf Jahre alt geworden war, hatten sie wiederum Ostern in Jerusalem gefeiert und waren jetzt mit ihren Verwandten und Freunden auf dem Rückweg nach Nazareth, wo sie wohnten. Dabei wollten die Kinder unter sich sein, und so gingen Maria und Joseph bis zum Abend ruhig ihres Weges; denn sie waren sicher, daß Jesus bei den anderen Kindern war. Als er jedoch bei Anbruch der Dunkelheit nicht zu ihnen kam, da wurden sie unruhig und fragten alle, die mit ihnen nach Hause zogen, ob sie den kleinen Jesus nicht gesehen hätten. Niemand wußte, wo er war, und so kehrten Maria und Joseph in großer Sorge nach Jerusalem zurück.
Drei Tage lang suchten sie Jesus in der großen Stadt. Endlich fanden sie ihn im Tempel. Er saß mitten unter den Lehrern. Er hörte aufmerksam zu, wenn sie sprachen, und er stellte ihnen Fragen. Die Lehrer wunderten sich sehr und sagten: „Ein so kluges Kind haben wir noch nicht gesehen."
Maria und Joseph, die an der Tür stehengeblieben waren, traten naher, und Maria sagte zu ihrem Kind: „Warum hast du uns das angetan? Dein Vater und ich haben dich drei Tage lang gesucht und solche Angst um dich gehabt." Jesus antwortete ihr: „Warum habt ihr nach mir gesucht? Gott, mein Vater, wollte, daß ich in seinem Hause blieb, und den Willen meines Vaters muß ich tun." Maria und Joseph verstanden nicht, was er damit sagen wollte. Hierauf ging Jesus mit ihnen zurück nach Nazareth. Dort wuchs er zu einem jungen Mann heran, in dem die Gedanken Gottes waren, und alle hatten ihn gern. Sein Vetter Johannes ging schon früh in die Wüste und sammelte dort die Kräfte für seine große Aufgabe: die Menschen auf das Kommen Christi vorzubereiten.

Warum so viele Leute an den Jordan kamen

Johannes lebte ganz allein in der Wüste. Er trug ein rauhes Gewand, das war aus Kamelhaaren gewebt, und er aß nur das Notwendigste. Der Heiland, auf dessen Ankunft er die Menschen vorbereiten sollte, war kein mächtiger König in glänzenden Gewändern, sondern ein Freund der einfachen Menschen. Also wollte auch Johannes einfach leben. Schon der Prophet Jesaja hatte über ihn gesagt: „Siehe, ich sende meinen Boten vor dem Heiland her. Er ist die Stimme, welche in der Wüste ruft: Bereitet den Weg des Herrn. Machet gerade seine Pfade!"
Als die Zeit herangekommen war, die Gott für ihn bestimmt hatte, da kam Johannes aus der Wüste in die Gegend am Jordan und predigte. Viele Leute versammelten sich, um ihn zu hören. Johannes rief: „Bekehrt euch und tut Gutes, denn das Gottesreich ist nahe." Viele bekannten ihre Sünden, und Johannes taufte sie mit Wasser. Wer sich taufen ließ, der zeigte damit, daß er fortan Gutes tun wollte. Johannes sprach zu den Täuflingen: „Ich taufe euch mit Wasser, damit ihr euch zum Guten bekehrt. Der aber nach mir kommt, ist stärker als ich. Ich bin nicht würdig, ihm die Schuhriemen aufzulösen. Der wird euch taufen mit dem Heiligen Geist und mit Feuer." Die Leute sagten zu Johannes: „Du willst, daß wir dem Herrn die Wege bereiten. Was können wir da tun?" Johannes erwiderte: „Wer zwei Röcke hat, der gebe dem einen mit, welcher keinen hat. Und wenn einer hungrig ist, sollt ihr ihm zu essen geben."

Den Zöllnern sagte Johannes, sie sollten den Leuten nicht mehr Geld abnehmen, als recht sei, und die Soldaten forderte er auf, niemals gewalttätig zu sein. So sagte Johannes einem jeden, wie er auf den rechten Weg zurückfinden könne. Da sprachen die Leute zueinander: „Ob er nicht doch selber schon der Heiland ist?" Johannes erriet ihre Gedanken und sagte ihnen deutlich, daß er selber nicht der Heiland sei. Er wartete geduldig auf die Ankunft des Gottessohnes und wollte nichts anderes als sein Diener sein.

Da kam Jesus aus Galiläa an den Jordan und sagte zu Johannes: „Taufe mich." Johannes aber hielt ihn zurück und sprach: „Ich habe nötig, von dir getauft zu werden, und du kommst zu mir und willst, daß ich dich taufe?" Jesus antwortete ihm: „Taufe mich, denn es ist recht so." Und Johannes taufte ihn.

Als Jesus aus dem Fluß stieg, sprach vom Himmel herab eine Stimme: „Dieser ist mein geliebter Sohn; er ist meine ganze Freude."

Jesus sucht sich seine ersten Jünger aus

Jünger sind Männer, die frommen Lehrern und Propheten auf allen ihren Wegen folgen. Sie wollen in allem dem Beispiel ihres Meisters nacheifern. Auch Johannes hatte Jünger.

Eines Tages stand Johannes wieder da, und zwei von seinen Jüngern waren bei ihm. Da ging Jesus vorüber, und Johannes sagte: „Seht das Lamm Gottes!“ Als die beiden Jünger das hörten, gingen sie Jesus nach und folgten ihm. Jesus merkte, daß sie hinter ihm herkamen, drehte sich um und fragte sie: „Was sucht ihr?“ Sie sagten zu ihm: „Meister, sage uns, wo du wohnst.“ Er antwortete: „Kommt nur mit, dann werdet ihr es sehen.“ Die beiden gingen mit ihm, sahen, wo er wohnte, und blieben den ganzen Tag bei ihm.

Einer von den beiden Jüngern, die Jesus gefolgt waren, hieß Andreas. Er war der Bruder des Simon. Den traf Andreas, und er sprach zu ihm: „Wir haben den Heiland gefunden, und er heißt Jesus.“ Und er führte seinen Bruder zu Jesus. Der sprach: „Du bist Simon, der Sohn des Johannes. Ab heute sollst du Petrus heißen, das ist: der Fels.“ Am anderen Tag wollte Jesus nach Galiläa gehen. Auf dem Weg dahin traf er den Philippus, und er sagte zu ihm: „Folge mir nach!“ Philippus war aus Bethsaida, aus derselben Stadt, aus der auch Andreas und Petrus kamen. Philippus traf den Nathanael und sagte: „Wir haben den gefunden, von dem Moses im Gesetz geschrieben hat: Jesus, den Sohn Josephs von Nazareth.“ Da erwiderte ihm Nathanael: „Kann denn aus Nazareth etwas Gutes kommen?“ Philippus sagte nur: „Komm und sieh.“

Als Jesus den Nathanael näherkommen sah, sprach er: „Seht, ein wahrhaftiger Jude. Der kennt keine Falschheit." Nathanael wunderte sich, daß Jesus ihn längst schon kannte, und er fragte: „Woher kennst du mich?" Jesus antwortete: „Ich habe dich gesehen, als du mit Philippus vorhin unter dem Feigenbaum standest." Da sagte Nathanael: „Meister, du bist der Sohn Gottes, du bist der König von Israel." Jesus antwortete ihm: „Weil ich gesagt habe, daß ich dich unter dem Feigenbaum gesehen habe, glaubst du. Aber warte, du wirst noch weit Wunderbareres sehen."

Jesus kennt seine zukünftigen Jünger schon, bevor er noch ein einziges Wort mit ihnen gesprochen hat. Was er über Nathanael sagt, zeigt deutlich, wie er seine Jünger haben will: offen, ohne jede Falschheit. Als Nathanael hört, daß Jesus aus Nazareth kommt, sagt er offen seine Meinung. Er glaubt, daß aus Nazareth nichts Gutes kommen kann. Jesus ist darüber nicht böse. Ihm gefällt, daß Nathanael genau das sagt, was er denkt. Nathanael ist ehrlich, und Jesus will ehrliche Menschen um sich haben. Und Nathanael kann staunen und sich freuen. Er ist glücklich, daß er dem Sohn Gottes als Jünger folgen darf.

Die Männer, die Christus auffordert, ihm zu folgen, sind offen und ehrlich. Sie wissen auch, was ihnen am nötigsten ist: die Gnade Gottes. Deshalb sind sie sofort bereit, dem Heiland zu folgen. Sie fragen nicht ängstlich: „Was bekommen wir dafür, daß wir mit dir kommen?" Ihr Herz sagt ihnen: „Dieser Jesus von Nazareth ist Gottes Sohn. Deshalb wollen wir seine Jünger sein."

Als sie keinen Wein mehr hatten

Einmal war eine Hochzeit in Kana, einem Dorf in Galiläa. Unter den Gästen war Maria, die Mutter Jesu, und auch Jesus und seine Jünger waren zu der Hochzeitsfeier eingeladen.
Nach einer Weile sagte Maria zu Jesus: „Sie haben keinen Wein mehr." Die Gäste hatten nämlich viel getrunken. Jesus erwiderte: „Warum sagst du mir das? Meine Stunde ist noch nicht gekommen." Maria ging zu den Dienern und sprach zu ihnen: „Tut alles, was er euch sagt." Nun standen dort sechs steinerne Krüge. Daraus nahmen die Juden das Wasser, wenn sie sich wuschen, wie es im Gesetz vorgeschrieben war. Die Krüge waren groß.
Da sprach Jesus zu den Dienern: „Füllt diese sechs Krüge bis an den Rand mit Wasser." Sie taten es. Jesus sagte: „Nehmt davon und bringt es dem Koch. Der soll einmal probieren." Der Koch trank ein wenig und sagte dann zu dem Bräutigam: „Jedermann setzt zuerst den guten Wein vor, und wenn die Gäste dann schon viel getrunken haben, setzt man ihnen den schlechteren Wein vor.

Du aber hast den guten Wein bis jetzt aufgehoben." Da staunten alle, denn das Wasser war zu Wein geworden. Das war das erste Zeichen, das Jesus den Leuten gab, und seine Jünger glaubten an ihn.
Jesus sagt zu seiner Mutter: „Meine Stunde ist noch nicht gekommen." Er meint damit den Zeitpunkt seines Sterbens und seiner Auferstehung. Bevor er sich für uns ans Kreuz schlagen läßt, will er allen die frohe Botschaft verkünden.
Als Jesus wieder einmal in einem der Gotteshäuser war, da reichte man ihm das Buch des Propheten Jesaja. Er las die Stelle, wo geschrieben steht: „Der Geist des Herrn ist in mir, und er hat mich gesalbt, damit ich den Armen die frohe Botschaft verkünde. Er hat mich gesandt, damit ich die Gefangenen befreie, den Blinden die Augen öffne und die Gefangenen in die Freiheit führe. Er hat mich geschickt, das Jahr zu verkünden, auf das alle sehnsüchtig gewartet haben." Da sahen sich die Leute fragend an. Jesus sah das und sprach zu ihnen: „Nun möchtet ihr gern wissen, warum ich euch das vorgelesen habe. Der, von dem Jesaja spricht, steht vor euch."

Jesus will kein Zauberer sein

Oft ging Jesus an einen einsamen Ort, um dort zu beten. Beten heißt: mit Gott sprechen. Und so sprach auch Jesus viel mit seinem Vater, der im Himmel ist. Im Gebet fragte er ihn, was sein Wille sei, und wenn er den Willen seines Vaters kannte, dann bat er ihn um die Kraft, die nötig war, um Gottes Willen auch zu tun.

Wieder einmal war Jesus früh am Morgen hinausgegangen, um ganz still für sich zu beten. Aber Simon und seine Gefährten gingen ihm nach, und als sie ihn endlich fanden, sagten sie zu ihm: „Alle suchen dich." Er antwortete ihnen: „Laßt uns in die umliegenden Ortschaften gehen, damit ich auch dort predigen kann. Ich will nicht immer nur an einem Ort bleiben." Damit wollte Jesus sagen, daß er für alle Menschen da war und einen jeden von ihnen ansprechen wollte, um ihm die frohe Botschaft zu verkündigen. Also zog Jesus durch ganz Galiläa und predigte. Es kamen auch Leute zu ihm, die plagte ein böser Geist. Jesus trieb die bösen Geister aus, und wer so von den Geistern befreit war, der konnte ungestört auf Jesu Worte hören.

Einmal kam ein Aussätziger zu ihm, der war über und über mit brennenden Geschwüren bedeckt. Er fiel vor Jesus nieder und rief: „Wenn du willst, kannst du meine Haut reinmachen." Jesus hatte Mitleid mit ihm, berührte ihn mit seiner Hand und sprach: „Ich will, daß du rein wirst." Im selben Augenblick war die Haut des Mannes wieder hell und rein.

Jesus sagte zu ihm: „Du weißt, daß du dich zuerst den Priestern zeigen mußt, damit sie sehen, daß du niemanden mehr anstecken kannst. Wenn du dann bei den Priestern gewesen bist, bringe Gott ein Dankopfer dar. Aber sage niemandem, wie du gesund geworden bist."

Jesus will nämlich nicht, daß die Leute hinter ihm herlaufen, wie man hinter einem Zauberer herläuft. Wenn er Wunder wirkt, dann will er von den Menschen vor allem den Glauben. Sie sollen sehen, daß hier Gott am Werk ist und den Menschen begegnen will. Jesus zwingt niemanden zu diesem Glauben. Ein jeder muß sich entscheiden, ob er in den Wundern Jesu die Hand Gottes erkennen will oder nicht.

Eines Tages sah Jesus am Ufer des Sees Genesareth zwei Boote liegen. Die Fischer wuschen gerade ihre Netze. Eines der Boote gehörte dem Simon. Zu dem sprach Jesus: „Fahrt hinaus in die Mitte des Sees und werft eure Netze aus." Da antwortete ihm Simon: „Meister, die ganze Nacht sind wir draußen gewesen und haben nichts gefangen. Aber weil du es willst, wollen wir es noch einmal versuchen."

Sie ruderten hinaus, und es dauerte nicht lange, da hatten sie so viele Fische gefangen, daß die Netze beinahe zerrissen. Sie winkten den Fischern in dem zweiten Boot, sie möchten kommen und ihnen helfen. Am Ende waren beide Boote so voll von Fischen, daß sie tief einsanken ins Wasser. Jesus sprach zu Simon: „Von nun an wirst du Menschen fangen."

Er meinte damit, daß Simon viele Menschen zum Glauben an Jesus Christus bringen sollte.

Jesus setzt sich mit Sündern an einen Tisch

Als bekannt wurde, daß Jesus in einem Haus war und predigte, da kamen Männer und brachten auf einer Tragbahre einen, der gelähmt war. Die Männer wollten den Gelähmten in das Haus tragen, in dem Jesus war, doch das war unmöglich, denn die Leute standen dicht gedrängt im Flur. Da hoben die Männer die Tragbahre auf das flache Dach und ließen sie durch eine Luke hinab, mitten vor Jesus hin. Jesus sah, wie groß ihr Glaube war, und er sagte zu dem Gelähmten: „Deine Sünden sind dir vergeben."
Da dachten einige Pharisäer: Er lästert Gott. Denn niemand kann Sünden vergeben als Gott allein. Jesus erkannte ihre Gedanken und fragte sie: „Was ist leichter? Zu sagen: Deine Sünden sind dir vergeben, oder zu sagen: Steh auf und geh? Nun sollt ihr aber sehen, daß der Menschensohn Macht hat, Sünden zu vergeben." Und er sagte zu dem Gelähmten: „Steh auf, nimm deine Tragbahre und geh nach Hause!" Der stand augenblicklich auf, nahm seine Tragbahre und ging nach Hause. Die Leute fürchteten sich und sprachen: „Was wir soeben gesehen haben, wer kann es begreifen?"
Als Jesus aus dem Ort ging, sah er vor dem Zollhaus einen Mann sitzen, welcher Matthäus hieß, und er sprach zu ihm: „Folge mir nach!" Da stand Matthäus auf und folgte ihm nach. Hierauf ging er mit seinen Jüngern in ein Haus, um zu essen, und mit ihnen setzten sich auch solche an den Tisch, die nicht immer das Rechte taten. Das sahen einige strenge Juden, und sie fragten die Jünger Jesu deshalb: „Warum ißt euer Meister ausgerechnet mit den Bösewichten?" Jesus hörte ihre Frage und sagte: „Die Gesunden brauchen keinen Arzt, die Kranken haben ihn nötig. Geht hin und lernt, was beim Propheten Hosea geschrieben steht: Barmherzigkeit will ich von euch und nicht Opfer. Denn ich bin nicht gekommen, um meine Zeit mit den Frommen zu verbringen, ich bin gekommen, um denen nachzugehen, die vom rechten Weg abgekommen sind, und ich will sie wieder zu Gotteskindern machen."
Einige zeigen mit den Fingern auf die Zöllner, die den Leuten zuviel Geld abnehmen, auf die Diebe und Ehebrecher und sagen: „Wir tun so etwas nicht." Sie bringen Brandopfer dar und fasten, wie es das Gesetz des Moses vorschreibt. Sie glauben, das sei genug. Im Grunde sind sie nicht besser als die Zöllner und Diebe. Was diese öffentlich tun, das tun sie selber in Gedanken, doch sie verbergen ihre schlechten Gedanken. Solche Menschen nennt man Heuchler. Jesus kümmert sich nicht um ihr Gerede. Er geht zu den Sündern und sagt ihnen, wie häßlich die Sünde ist. Wenn er dann die Sündenlast von ihnen genommen hat, dann können sie mit der Gnade Gottes wieder bessere Menschen werden.

Für diese ist das Gottesreich

Eines Tages rief Jesus zwölf seiner Jünger zu sich und sprach zu ihnen: „Gehet überall hin und verkündet das Wort Gottes." Die zwölf Jünger, die er hinausschickte, um Gottes Wort zu verkünden, nennt man auch Apostel. Apostel bedeutet: Gesandter, Bote. So sind die Apostel Boten, welche die frohe Botschaft Jesu Christi in alle Welt hinaustragen.
Die zwölf Apostel heißen: Simon Petrus, Andreas, Jakobus, Johannes, Philippus, Bartholomäus, Thomas, Matthäus, Jakobus, der Sohn des Alphäus, Thaddäus, Simon und Judas Iskariot. Jesus gibt ihnen auch die Kraft, Krankheiten zu heilen und den Menschen in vielen anderen Nöten zu helfen. Ihre wichtigste Aufgabe aber ist: allen Menschen zu sagen, daß Gott sich in Jesus Christus geoffenbart hat.

Jesus sagt ihnen, daß sie es schwer haben werden in der Welt, denn viele Menschen wollen Gottes Wort nicht hören. Aber der Geist Gottes wird mit den Aposteln sein und ihnen Stärke geben, wenn böse Menschen sie verfolgen.
Jesus setzte sich auf einem Berg nieder und sprach zu seinen Jüngern:
Selig die Armen, denn für sie ist das Gottesreich.
Selig die, welche traurig sind, denn sie werden getröstet werden.
Selig die, welche ein sanftes Gemüt haben, denn sie werden viel bekommen.
Selig, die Hunger und Durst haben nach der Gerechtigkeit, denn sie werden satt werden.
Selig, die Mitleid haben mit anderen, denn auch mit ihnen wird man Mitleid haben.
Selig die, welche keine Falschheit kennen, denn sie werden Gott schauen.
Selig die, welche den Frieden bewahren, denn sie werden Kinder Gottes genannt werden.
Selig, die Verfolgung leiden, weil sie gerecht gewesen sind, denn sie werden das Gottesreich besitzen.
Selig seid ihr, wenn sie euch verfolgen und allerlei Böses über euch erzählen, nur weil ihr euch zu mir bekennt. Freut euch und frohlocket, denn euer Lohn ist groß im Himmel.

Jesus lehrt uns, wie wir beten sollen

Jesus sagt zu seinen Jüngern: „Ihr habt gehört, daß zu den Alten gesagt worden ist: Du sollst nicht töten! Wer tötet, kommt vor das Gericht. Ich aber sage euch: Schon wer seinem Bruder nicht verzeihen will, wird gerichtet werden. Wenn ihr ins Gotteshaus geht, um darin zu beten und zu opfern, und ihr erinnert euch, daß euer Bruder etwas gegen euch hat, dann geht zuerst hin und vertragt euch mit eurem Bruder. Dann kommt wieder ins Gotteshaus und bringt Gott euer Opfer dar.
Wenn ihr miteinander Streit habt, dann wartet nicht lange, sondern setzt euch zusammen und sprecht miteinander, bis aller Streit begraben ist."
Gott will, daß wir zuallererst den Frieden suchen und uns mit den anderen vertragen.
Jesus fährt fort: „Wenn ihr Gutes tun wollt, dann tut es nicht vor allen Leuten. Wer sich nur hervortun will vor den anderen, der wird von Gott keinen Lohn empfangen. Wenn ihr einem, der in Not ist, etwas geben wollt, dann tut es unauffällig. Gott sieht es dennoch, und er wird es euch nicht vergessen.

Wenn ihr betet, dann tut es nicht so, daß alle Leute zu euch herüberschauen. Solche Beter mag Gott der Vater nicht. Wenn ihr beten wollt, dann geht in euer Haus, schließt die Tür zu und betet still zu eurem Vater, der hört euch auch im Verborgenen. Und wenn ihr dann betet, dann sollt ihr nicht viele Worte machen, denn nicht die werden erhört, die viele überflüssige Worte reden. Euer Vater weiß schon, was euch fehlt, noch ehe ihr ihn darum bittet."
Da fragten ihn die Jünger: „Wie sollen wir denn beten?" Und Jesus antwortete ihnen: „So sollt ihr beten:
Vater unser im Himmel.
Geheiligt werde dein Name.
Dein Reich komme.
Dein Wille geschehe
wie im Himmel so auf Erden.
Unser tägliches Brot gib uns heute.
Und vergib uns unsere Schuld,
wie auch wir vergeben unsern Schuldigern.
Und führe uns nicht in Versuchung,
sondern erlöse uns von dem Bösen."

Betrachtet die Vögel!

Jesus spricht: „Seid doch nicht so ängstlich und fragt nicht immer sorgenvoll: Ob wir morgen wohl genug zu essen haben? Ob wir immer etwas anzuziehen haben? Betrachtet die Vögel! Sie säen nicht, sie ernten nicht, sie fahren keinen Weizen in die Scheune, und euer himmlischer Vater ernährt sie doch. Ihr seid mehr wert als die Vögel. Also wird Gott euch auch nicht verhungern lassen.
Könnt ihr mit all eurer ängstlichen Vorsorge euer Leben auch nur um eine einzige Minute verlängern? Ihr könnt es nicht.
Und warum sorgt ihr euch um eure Kleidung? Betrachtet die Lilien auf dem Feld! Sie arbeiten nicht, sie spinnen nicht, sie nähen sich keine Kleider, und doch sage ich euch: Der prächtige König Salomon war nicht so schön gekleidet wie eine von ihnen.
Habt also keine Angst. Euer Vater im Himmel weiß, was ihr nötig habt. Sucht zuerst das Reich Gottes und tut, was recht ist. Dann gibt Gott euch alles, was ihr braucht."

Einmal kam Jesus in ein Dorf. Dort wohnte eine Frau mit Namen Martha, die sagte zu Jesus: „Wenn du müde und hungrig bist, kehre bei uns ein. Bei uns kannst du schlafen und essen."
Martha hatte eine Schwester, die hieß Maria. Diese setzte sich zu Jesus und hörte ihm zu, während er sprach. Martha machte inzwischen das Essen fertig. Da war viel zu tun, und so kam sie zu Jesus und sprach: „Herr, ist es recht, daß meine Schwester mich alle Arbeit allein tun läßt? Sag ihr, sie solle mir helfen." Jesus antwortete ihr: „Martha, du machst dir Sorge um vieles, aber nur eines ist notwendig. Maria hat das verstanden. Sie hört auf das Wort Gottes, und das kann ihr niemand nehmen."
Solchen, die immer über andere reden, ruft Jesus zu: „Sagt nicht immer, die anderen seien schlecht, denn mit dem Maß, mit dem ihr die anderen meßt, werdet auch ihr einmal gemessen werden. Ihr seht den winzigen Splitter im Auge der anderen, doch den Balken in eurem eigenen Auge seht ihr nicht. Wie könnt ihr da zu einem sagen: Laß mich den Splitter aus deinem Auge ziehen? Habt ihr den Balken in eurem eigenen Auge schon vergessen? Ihr Heuchler! Zieht zuerst den Balken aus eurem Auge, dann erst geht zu eurem Bruder und sagt zu ihm: Nun wollen wir den Splitter aus deinem Auge ziehen."
Ehe wir also auf die anderen zeigen und sagen: „Seht, wie schlimm sie es treiben!", sollen wir uns fragen: Sind wir selber besser? Wir sollen die anderen in Ruhe lassen und sie nicht immer nur verurteilen, so, als wären wir unfehlbare Richter, denn meistens sind wir nicht besser als die anderen.
Nun werdet ihr sagen: Sollen wir denn schweigen, wenn einer ein großes Unrecht tut? Nein, dann sollen wir nicht schweigen. Aber statt laut zu schimpfen, sollten wir zu dem Sünder gehen und ihm ganz ruhig sagen, daß er vom rechten Weg abgekommen ist, und ihm dann helfen, wieder ein guter Mensch zu werden. Denn das Herz eines Sünders ist fast nie so schlecht wie seine Taten. Wenn wir ihm sagen, daß sein Herz noch gut ist, wenn wir ihm verzeihen, dann kann das Gute in ihm wieder von neuem wachsen. Wir sollten andere nicht verurteilen, wir sollten ihnen helfen. Es ist nicht gut, den Richter zu spielen. Selbst Jesus tut das nicht.
Einmal brachten die Pharisäer eine Frau zu Jesus und sagten: „Wir haben sie beim Ehebruch ertappt. Im Gesetz des Moses steht, daß Ehebrecherinnen gesteinigt werden. Was sagst du dazu?" Jesus sprach zu ihnen: „Wer von euch ohne Sünde ist, der werfe als erster einen Stein auf sie." Da gingen sie schweigend fort, und Jesus sagte zu der Frau: „Wo sind sie denn alle geblieben? Hat dich keiner verurteilt?" Die Frau antwortete: „Keiner, Herr." Da sagte Jesus: „Auch ich verurteile dich nicht, geh hin und sündige von jetzt an nicht mehr."

Wer ist mein Nächster?

Immer wieder gab es unter den Leuten einige, die nicht so recht an die Botschaft Jesu Christi glaubten. Sie stellten Jesus viele schlaue Fragen und hofften, daß er einmal sagen müsse: „Darauf weiß ich keine Antwort."
So kam einmal ein Gesetzeslehrer und fragte: „Meister, was muß ich tun, damit ich das ewige Leben habe?" Jesus antwortete ihm: „Liebe Gott, und liebe auch den Nächsten, denn er ist Mensch wie du. Tu dies, und du wirst das Leben haben." Der Gesetzeslehrer fragte: „Wer ist denn mein Nächster?"
Jesus antwortete: „Ein Mann ging auf der Straße von Jerusalem nach Jericho dahin. Da kamen einige Räuber, nahmen ihm alles ab, schlugen ihn ins Gesicht und ließen ihn halbtot liegen. Dann liefen sie mit dem gestohlenen Geld davon. Da kam ein Priester dahergezogen. Der sah den Mann am Boden liegen, doch kümmerte er sich nicht um ihn und ging weiter. Nach einiger Zeit kam ein Levit, der Diener eines Priesters, vorbeigegangen. Er

sah den Verletzten am Wegrand liegen, doch er kümmerte sich nicht um ihn und zog weiter. Endlich kam ein Samariter des Wegs geritten. Der hatte Mitleid mit dem geschlagenen und ausgeraubten Mann. Er goß Öl und Wein in seine Wunden und verband sie. Dann hob er ihn auf sein Reittier, brachte ihn in ein Gasthaus und sorgte dafür, daß er ein gutes Bett bekam. Am anderen Morgen zog er zwei Goldstücke heraus und sagte zu dem Wirt: ,Sorge für den Verletzten und tue alles für ihn, was nötig ist. Wenn dieses Geld nicht ausreicht, werde ich dir auf dem Rückweg alles bezahlen, was du darüber noch aufgewendet hast.'"
Hierauf fragte Jesus den Gesetzeslehrer: „Was meinst du: wer von diesen dreien hat recht gehandelt?" Der Gesetzeslehrer antwortete: „Der sich um den Verletzten gekümmert hat." Da sprach Jesus zu ihm: „Jetzt weißt du, wer dein Nächster ist. Geh hin und mache es immer so wie der Samariter."
Da ging der Gesetzeslehrer schweigend fort. Er wagte es nicht mehr, Jesus eine Frage zu stellen. Ihm war auch bestimmt nicht recht, daß der gute Mensch im Gleichnis ein Samariter war. Die Juden verachteten die Samariter. Doch der Samariter im Gleichnis fragt nicht: „Ist das ein Jude, der da am Boden liegt?" Er weiß nur, daß der Mann Schmerzen leidet, und er hilft ihm. Jeder, der Hilfe braucht, ist sein Nächster.

So werden wir noch einmal geboren

Unter den Pharisäern war ein Ratsherr namens Nikodemus. Der kam bei Nacht, da niemand ihn sehen konnte, zu Jesus und sprach zu ihm: „Meister, wir wissen, daß du von Gott gekommen bist, denn du könntest all die wunderbaren Zeichen nicht tun, wenn Gott nicht mit dir wäre." Jesus antwortete ihm: „Wenn einer nicht geboren wird von oben her, kann er das Reich Gottes nicht schauen." Da sagte Nikodemus verwundert: „Wie kann denn ein Mensch, der alt ist, geboren werden? Er ist doch schon geboren." Da sagte Jesus zu ihm: „Wenn einer nicht geboren wird aus Wasser und Geist, der wird nicht in das Reich Gottes kommen. Was aus dem Fleisch geboren ist, das ist Fleisch, was aber aus dem Geist geboren ist, das ist Geist."
Wir erinnern uns, daß Johannes am Jordan die Leute taufte, nachdem sie ihre Sünden bereut hatten. Die Taufe im Jordan war ein Zeichen der Buße, ein Zeichen dafür, daß die so Getauften sich bessern wollten. Die Taufe, die Jesus hier meint, ist mehr: Diese Taufe macht uns zu Kindern Gottes; der Heilige Geist kommt auf uns herab, und Gott schenkt uns die Gnade, die wir brauchen, um seinen Willen zu tun.
Diese Gedanken sind für Nikodemus neu. So wie viele Juden hat er bisher geglaubt, das Reich Gottes sei ihnen sicher, einfach deshalb, weil sie zum auserwählten Volk gehörten. Jesus sagt ihm nun, daß dies nicht genügt. Jeder muß noch einmal geboren werden, diesmal im Geist. Sein Geist muß neu werden, das heißt: er muß sich entscheiden für den Menschensohn, der das Heil gebracht hat. Das Gottesreich ist kein Geschenk, das man bekommt, nur weil man als Jude geboren ist, nein, das Gottesreich muß man sich erobern, indem man ja sagt zu Jesus Christus.

Jesus unterhält sich mit einer Frau am Brunnen

Auf dem Weg nach Galiläa kam Jesus eines Tages in eine Stadt in Samaria, welche Sichar hieß. Er war müde vom Gehen, und so setzte er sich an einen Brunnen, der am Weg lag.
Es dauerte nicht lange, da kam eine Samariterin an den Brunnen, um Wasser zu holen. Jesus sprach zu ihr: „Gib mir zu trinken." Da antwortete die Frau: „Du bist ein Jude und bittest eine Samariterin um Wasser? Ihr Juden wollt doch mit uns Samaritern nichts zu tun haben." Jesus sagte: „Wenn du mich um Wasser gebeten hättest, so hätte ich dir lebendiges Wasser gegeben." Wenn Jesus der Frau lebendiges Wasser geben will, so denkt er dabei an die frohe Botschaft Gottes, die aus ihr einen neuen, besseren Menschen machen kann. Aber die Frau verstand das nicht und sagte: „Du hast kein Gefäß zum Wasserschöpfen, und der Brunnen ist tief. Woher willst du also lebendiges Wasser nehmen? Bist du vielleicht größer als unser Vater Jakob, der uns diesen Brunnen gegeben hat?" Jesus sprach zu ihr: „Jeder, der Wasser aus diesem Brunnen trinkt, wird gleich wieder durstig. Wer aber das Wasser trinkt, das ich ihm geben werde, der wird keinen Durst mehr spüren in alle Ewigkeit, und er wird das ewige Leben haben." Da sagte die Frau: „Dann gib mir dieses Wasser, damit ich nie mehr hierherkommen muß, um Wasser zu schöpfen."
Am Ende gab sich Jesus zu erkennen. Er sagte zu der Frau: „Ich bin Jesus Christus, den alle Propheten vorausgesagt haben."

Wenn einmal einer vom Weg abkommt

Um uns zu zeigen, daß Gott kein unbarmherziger Richter, sondern ein Freund der Menschen ist, erzählt Jesus zwei Geschichten. In der ersten Geschichte vergleicht er Gott mit einem guten Hirten. Der hat hundert Schafe. Eines Tages fehlt ein Schaf. Da läßt der gute Hirt die neunundneunzig Schafe in der Wüste und macht sich auf den Weg, um das eine Schaf zu suchen. Wenn er es nach vielen Stunden glücklich gefunden hat, dann legt er es voll Freude auf seine Schultern, trägt es nach Hause, ruft seine Freunde und Nachbarn zusammen und sagt zu ihnen: „Freut euch mit mir. Ich habe das verlorene Schaf wiedergefunden." Einige Fromme denken: „Warum erzählt er das?" Und Jesus spricht zu ihnen: „Genauso wird im Himmel mehr Freude sein über einen einzigen Sünder, der sich bekehrt, als über neunundneunzig Gerechte, die keine Hilfe brauchen."
In der zweiten Geschichte vergleicht Jesus Gott Vater mit einem Mann, der zwei Söhne hatte. Der jüngere sagte zu seinem Vater: „Gib mir meinen Anteil am Vermögen, ich will in die weite Welt hinausziehen."

Der Vater gab ihm das Geld, und der Sohn ging in ein fernes Land. Es dauerte nicht lange, da hatte er all sein Geld schon ausgegeben. Er trieb sich herum mit schlechten Freunden und war am Ende arm wie eine Kirchenmaus. Als er nun nichts mehr zu essen hatte, ging er hin und suchte eine Arbeit. Man schickte ihn auf das Feld, da mußte er die Schweine hüten, und er litt großen Hunger.

Da dachte er bei sich: Ich will wieder zu meinem Vater gehen und zu ihm sagen: Vater, ich bin nicht mehr wert, dein Sohn zu heißen, doch laß mich als dein Knecht arbeiten.

Also machte er sich auf den Weg. Sein Vater sah ihn schon von weitem kommen, lief ihm entgegen und fiel ihm weinend um den Hals. Der Sohn sprach: „Vater, ich bin ein schlechter Mensch." Der aber rief seine Knechte und befahl, seinem Sohn die besten Kleider anzuziehen und ein Kalb zu schlachten. „Wir wollen ein Freudenfest feiern."

Sein älterer Sohn war auf dem Feld. Der hörte den Gesang und sah, daß alle tanzten. Da fragte er einen Knecht: „Was hat das zu bedeuten?" Der Knecht erzählte ihm, daß sein Bruder wieder gesund nach Hause gekommen sei. Da wurde der ältere Bruder zornig und wollte nicht hineingehen. Sein Vater aber kam heraus und redete ihm zu, hereinzukommen. Der Sohn sagte zu seinem Vater: „Viele Jahre schon tue ich treu meine Arbeit, und noch nie hast du zu mir gesagt: Hier hast du ein Böckchen. Iß es mit deinen Freunden, und feiert ein Fest. Mein Bruder hat all sein Geld mit schlechten Menschen durchgebracht, jetzt kommt er heim, und du bewirtest ihn gleich mit einem fetten Kalb."

Da erwiderte ihm sein Vater: „Kind, du bist immer bei mir, und alles, was ich besitze, gehört dir. Aber jetzt müssen wir uns freuen, denn siehe, dein Bruder war tot in seinem Herzen und wurde wieder lebendig."

Jesus verstößt die Sünder nicht

Jesus begnügt sich nicht damit, Geschichten zu erzählen, in denen ein guter Hirt dem verlorenen Schaf nachgeht oder ein Vater dem ungeratenen Sohn verzeiht. Jesus erbarmt sich der Sünder und verstößt sie nicht.
Einmal bat ihn ein frommer Jude namens Simon: „Komm in mein Haus und iß mit mir." Jesus aß mit ihm. Als sie nun bei Tisch saßen, da kam eine Frau herein, der man viel Schlechtes nachsagte. Sie hatte erfahren, daß Jesus in das Haus des Pharisäers gegangen war, und eilte mit einem Gefäß voll Salböl herbei. Weinend trat sie von hinten an Jesus heran und kniete nieder. Ihre Tränen fielen auf die Füße Jesu, doch sie trocknete sie gleich mit ihren langen Haaren ab und salbte sie dann mit dem Öl, das sie mitgebracht hatte. Als der Mann, der Jesus zum Essen eingeladen hatte, das sah, dachte er bei sich: Wenn Jesus ein Prophet wäre, dann müßte er doch wissen, daß diese Frau nichts taugt. Jesus wußte, was er dachte, und sprach zu ihm: „Simon, ich habe dir etwas zu sagen. Siehst du diese Frau? Du hast mir kein Wasser gegeben, du hast mich nicht mit Öl gesalbt. Sie aber hat mir all das gegeben. Sie hat viel geliebt, darum wird ihr auch viel vergeben werden." Zu der Frau sagte er: „Deine Sünden sind dir vergeben. Geh hin in Frieden."

Ein kleiner Mann sitzt hoch im Baum

Als Jesus durch Jericho gegangen kam, da lief auch ein Mann herbei, der sehr klein war. Er war ein reicher Zöllner, hieß Zachäus und war gekommen, um Jesus zu sehen. Die Leute drängten sich am Straßenrand, als Jesus vorbeikam, und so stand der kleine Zachäus hinter einer Wand von Menschen und konnte nichts sehen. Da dachte er bei sich: „Lauf doch voraus und klettere auf einen Feigenbaum. Von da aus kannst du Jesus sicher sehen." Bald schon saß er in dem Baum. Als nun Jesus an die Stelle kam, wo der Baum stand, blieb er plötzlich stehen, blickte hinauf und sagte: „Zachäus, steige schnell herab, denn heute muß ich in deinem Haus bleiben." Voller Freude kletterte Zachäus von dem Baum herunter, lief nach Hause und rief seiner Frau und seinen Mägden zu: „Kocht ein gutes Essen, denn heute haben wir Besuch."

Alle, die am Wegrand standen, murrten und sprachen zueinander: „Wieder ist Jesus in das Haus eines Sünders gegangen, um dort zu essen und zu schlafen." Zachäus wußte, was die Leute sagten, deshalb sprach er zu Jesus: „Herr, die Hälfte von allem, was ich besitze, gebe ich den Armen, und wenn ich einmal einem zuviel Geld abgenommen habe, so gebe ich ihm viermal soviel zurück." Jesus sagte zu denen, die mit ihm hereingekommen waren: „Heute ist das Heil in dieses Haus gekommen, denn Zachäus ist doch auch ein Sohn Abrahams, und der Menschensohn ist gekommen, die Verlorenen zu suchen und zu retten, wenn er sie gefunden hat."

Wäre Jesus einfach an dem Baum vorbeigegangen, auf dem Zachäus saß, so hätte dieser den Leuten weiterhin zuviel Geld abgenommen. Als aber Jesus in sein Haus kommt, da beschließt er auf der Stelle, niemanden mehr zu betrügen und ein guter Mensch zu werden. Jesus wartet nicht, bis die Sünder zu ihm kommen, nein, er geht zu ihnen und macht ihre Seele wieder gesund.

Jesus heilt eine kranke Frau

Einmal stand unter den Leuten, die ihn sehen wollten, eine Frau, die litt schon zwölf Jahre am Blutfluß. Sie war bereits von einem Arzt zum anderen gegangen, hatte viel Geld dafür bezahlt, und dennoch konnte ihr niemand helfen.
Nun hatte sie gehört, daß Jesus in der Nähe war, also dachte sie: „Wenn einer mir helfen kann, dann ist es Jesus." Sie wagte es aber nicht, ihn anzusprechen, oder aber sie glaubte, daß man bei Jesus nicht viel Worte zu machen brauchte. Deshalb mischte sie sich einfach unter die Leute, trat von hinten an Jesus heran und berührte sein Gewand. Sie sagte sich vielleicht: „Ich brauche nur sein Gewand zu berühren, dann bin ich schon gesund." Sie faßte sein Gewand an, und in demselben Augenblick war sie auch schon gesund.
Jesus spürte ihre Hand an seinem Kleid, drehte sich um und fragte: „Wer hat mich da angerührt?" Da sprachen seine Jünger zu ihm: „Du siehst doch, wie sich die Leute um dich drängen. Da hat dich sicher einer, ohne es zu wollen, angestoßen." Jesus schüttelte den Kopf und sah sich um nach dem, der sein Gewand angefaßt hatte. Da kam die Frau, die soeben gesund geworden war, näher. Sie zitterte am ganzen Leib, fiel vor Jesus auf die Knie und sagte, was geschehen war. Er aber sprach zu ihr: „Steh auf und geh in Frieden. Dein Glaube hat dir geholfen."
Da wunderten sich die Leute und sagten: „Jesus heilt alle Krankheiten." Nur wenige begriffen, daß es Jesus vor allem darum ging, den Glauben an Gott zu wecken und zu stärken.

Jesus erweckt einen Toten zum Leben

In den darauffolgenden Tagen geschah es, daß Jesus mit seinen Jüngern auf eine Stadt zuwanderte, die Nain hieß. Als sie sich dem Stadttor näherten, da trug man gerade einen Toten heraus, den einzigen Sohn einer Witwe. Viele Leute gingen mit zur Beerdigung. Als Jesus die weinende Mutter sah, da wurde er von Mitleid ergriffen, und er sagte zu der Frau: „Nun höre auf zu weinen." Dann trat er an die Bahre, auf der der Tote lag, und sprach, indem er die Bahre berührte: „Jüngling, ich sage dir, stehe auf!" Da richtete sich der Tote auf und fing an zu sprechen. Furcht ergriff alle, die dabeistanden. Sie lobten Gott mit lauter Stimme und sprachen: „Ein großer Prophet ist unter uns erschienen. Gott hat sich seines Volkes erbarmt." Die Kunde von der Erweckung des Toten verbreitete sich im ganzen Land.
Auch dieses Wunder wirkt Jesus nicht, um die Aufmerksamkeit der Leute auf sich zu lenken. Vielmehr will er zeigen, daß Auferstehung und Leben für jeden möglich sind, der glaubt.

Das Größte ist die Liebe

Die Botschaft Jesu, seine Geschichten, sein Mitleid und seine Wunder, sie alle wollen uns darauf stoßen, daß die Liebe das erste Gebot für jeden Christen ist. Schon im Alten Bund verlangt Gott vor allem die Liebe. Es gibt nichts Größeres als sie.
Der heilige Paulus sagt:
Wenn ich reden könnte wie die berühmtesten Redner oder gar wie die Engel, hätte aber die Liebe nicht, so wären alle meine Worte nichts als leeres Gerede. Wenn ich die Zukunft voraussagen könnte und alle Geheimnisse wüßte, wenn ich alle Erkenntnisse besäße, ja, wenn ich einen so starken Glauben hätte, daß ich Berge versetzen könnte, hätte aber die Liebe nicht, so wäre ich nichts. Und wenn ich alles, was ich besitze, den Armen gäbe, ja, wenn ich meinen Leib zum Verbrennen hingäbe, hätte aber die Liebe nicht, so nützte mir das alles gar nichts.
Die Liebe ist geduldig, und sie ist gütig. Die Liebe macht sich nicht groß, sie bläht sich nicht auf. Sie tut nichts, was sich nicht schickt, sie sucht nicht nur ihren eigenen Vorteil, sie wird nicht bitter, und sie trägt einem das Böse nicht nach.
Sie freut sich nicht über das Unrecht, sie hat aber Freude an der Wahrheit. Sie erträgt alles, glaubt alles, sie ist niemals ohne Hoffnung, und ihre Geduld ist unendlich.
Die Liebe hört nicht auf. Wir Menschen können nicht alles erkennen, und all unser Wissen ist Stückwerk. Vieles sehen wir noch unklar. Doch es kommt einmal der Tag, an dem Gott uns die Augen öffnen wird. Dann sehen wir alles klar.
Bis zu jenem Tag bleiben uns diese drei: Glaube, Hoffnung und Liebe. Das größte unter ihnen aber ist die Liebe.
Den Christen erkennt man vor allem daran, daß er Gott liebt und den Mitmenschen.

Ein Sämann ging aufs Feld

Christus erzählt viele Geschichten. Aber er will damit die Leute nicht unterhalten, nein, in diesen Geschichten ist immer eine Wahrheit enthalten, ein Beispiel. Christus kleidet diese Wahrheiten in Geschichten ein, damit sie lebhaft vor unserem Auge erstehen und wir sie so leicht nicht wieder vergessen. Da in diesen Geschichten häufig ein Mensch mit Gott und ein Haus oder ein Feld mit dem Gottesreich verglichen werden, nennen wir diese Geschichten Jesu auch Gleichnisse.
Einmal erzählt er den Leuten folgendes Gleichnis: „Ein Sämann ging aufs Feld, um zu säen. Etwas von seinem Samen fiel auf den Weg. Da kamen ein paar Vögel geflogen und fraßen es auf. Anderes fiel auf steinigen Grund. Da war nicht viel Erde. Deshalb ging der Samen früher auf als gewöhnlich. Als aber die heiße Sonne darauf schien, da verbrannte das zarte Grün und wurde dürr, weil es keine richtigen Wurzeln hatte. Anderes fiel unter die Dornen, und die Dornen wuchsen kräftig in die Höhe und erstickten die Keime, die aus dem Samen kamen. Aber es fiel von dem Samen auch manches Korn auf gutes Erdreich und brachte viel Weizen. Aus einem Korn kamen hundert Körner, aus einem anderen sechzig, und wieder ein anderes brachte dreißig Körner."
Jesus schloß sein Gleichnis mit den Worten: „Wer Ohren hat, der höre gut zu!"

Da traten seine Jünger zu ihm und sagten: „Warum redest du in Gleichnissen zu ihnen? Bist du sicher, daß sie dich auch verstehen?" Da antwortete Jesus: „Sie hören und verstehen doch nicht. Sie sehen und sehen doch nicht. Sie hören schwer mit ihren Ohren, weil sie nicht hören wollen, und sie machen die Augen zu, damit sie nicht zu sehen brauchen. Sie haben Angst, sie müßten ihr Leben ändern. Wie kann ich sie da heilen, wenn sie nicht wollen? Ob ich in Gleichnissen zu ihnen rede oder nicht, sie hören doch nicht. Euer Herz ist dagegen aufgeschlossen, deshalb will ich euch das Gleichnis vom Sämann erklären. Hört gut zu!

Der Samen, der auf den Weg fällt, ist das Wort Gottes, das in ein taubes Ohr fällt. Da ist es ganz und gar verloren. Der steinige Grund ist der Mensch, welcher das Wort hört und es mit Freuden aufnimmt. Aber in seinem Herzen findet das Wort nicht genügend Nahrung. Wenn nun der Mensch, in dessen Herz das Wort diesmal gefallen ist, um ebendieses Wortes willen viel leiden muß, dann reißt er es schnell aus dem mageren Grund und hat es schon bald vergessen. Das Samenkorn, das unter die Dornen fällt, kann am Anfang leben. Die Dornen sind das Geld und die Sorgen, und wo die in einem Herzen höher und höher wachsen, da kann das Wort Gottes nicht mehr atmen. Der Samen, der auf gutes Erdreich fällt, hat ein gutes Herz gefunden. Es hört das Wort Gottes und versteht es auch. Kein Wunder, daß da die Ernte groß ist."

Jesus wußte, daß die Leute sich immer wieder fragten: „Wie kommt es, daß Gott die Bösen ungestraft und in Freuden leben läßt?" Deshalb erzählte er ihnen folgendes Gleichnis: „Das Himmelreich ist gleich einem Sämann, der guten Samen auf seinen Acker säte. Nachts, als alle schliefen, kam sein Feind und säte Unkraut mitten unter den Weizen. Als nun die Saat aus dem Boden kam, sah man auch viel Unkraut, und die Knechte gingen zu dem Sämann und sagten: ‚Du hast nur guten Samen gesät. Woher kommt das Unkraut?' Der Sämann antwortete ihnen: ‚Das hat ein böser Mensch getan.' Die Knechte fragten ihn: ‚Sollen wir das Unkraut ausreißen?' Der Sämann erwiderte: ‚Laßt es bis zur Ernte in dem Weizen wachsen. Wenn ihr es jetzt schon ausreißt, dann reißt ihr leicht auch den Weizen mit aus. Wenn aber der Tag der Ernte da ist, dann wird alles Unkraut gesammelt und verbrannt, der Weizen aber kommt in die Scheune.'"

Das Wort Gottes ist wie ein Samenkorn

Wenn der Bäcker Schwarzbrot machen will, nimmt er einen kleinen Klumpen Sauerteig und mengt ihn unter einen Zentner Mehl. Dann muß er eine Nacht warten, bis der Sauerteig das ganze Mehl durchsäuert hat.
Jesus vergleicht das Gottesreich mit einem Sauerteig, den eine Frau nahm und unter drei Maß Mehl mengte, bis alles durchsäuert war. Ein andermal sagt er: „Womit soll ich das Reich Gottes vergleichen? Es ist wie ein Senfkorn, das einer nahm und in seinen Garten säte. Es wuchs und wurde zu einem großen Baum, und die Vögel kamen geflogen und bauten darin ihre Nester."
Immer wieder vergleicht Jesus das Gottesreich mit Dingen aus der Natur. Damit will er uns zeigen, daß das Reich Gottes lebendig ist und immerfort wächst. Das Gottesreich, wie es Jesus meint, ist kein Schlaraffenland, das irgendwo in der Welt liegt und in das wir nur einzutreten brauchen, um dann ohne Sorgen dort zu leben. Nein, das Reich Gottes ist wie ein winziges Samenkorn in unserem Herzen. Jesus hat es dort hineingelegt, und dieses Samenkorn ist das Wort Gottes. In einem Samenkorn ist viel Kraft, wenn es auch klein ist, und lange Zeit liegt es wie tot in der Erde; doch wenn dann der Frühling kommt, beginnt es sich zu regen, es wird immer größer, und am Ende ist aus dem kleinen Keim eine große Pflanze oder gar ein riesiger Baum geworden. Das Gottesreich ist also etwas, was immerfort in uns wächst. Es ist Gottes Wille, daß es sich überall ausbreitet. Deshalb sollen wir es nicht verbergen. So sagt Christus zu seinen Jüngern: „Ihr seid das Licht der Welt. Sorgt dafür, daß alle es sehen." Ein andermal vergleicht er die Christen mit einer Stadt auf dem Berge. Die kann niemandem verborgen bleiben, und die Leute sollen auf sie aufmerksam werden.

Einmal sagte jemand zu Christus: „Ich will dir folgen, wohin du auch immer gehst." Da erwiderte ihm Jesus: „Die Füchse haben ihre Höhlen und die Vögel ihre Nester, doch ich weiß morgens nicht, wo ich am Abend ein Bett finden kann." Er will dem Mann damit sagen, daß ihn kein leichtes Leben erwartet, wenn er Jesus folgen will.
Zu einem anderen sprach er: „Folge mir nach!" Der sagte: „Herr, ich will mit dir kommen. Zuvor muß ich aber noch meinen Vater begraben, der gestorben ist." Jesus antwortete ihm: „Kümmere dich nicht um die Toten, sondern gehe hin und verkündige das Wort Gottes!"
Wieder ein anderer sprach: „Herr, ich will dir nachfolgen, aber laß mich zuvor noch von meinen Verwandten Abschied nehmen." Jesus sagte zu ihm: „Kehre nicht mehr erst in dein Haus zurück, sondern ziehe sofort in die Welt hinaus und sage allen Leuten, daß Gott sich geoffenbart hat." Später spricht Jesus: „Wer mir nachfolgen will, der nehme geduldig all das Schwere auf sich, was einen Jünger Christi erwartet."

Die fleißigen und die faulen Knechte

Wenn ein Sämann den Samen ausgestreut hat, dann geht er nicht fort und vergißt den Samen. Im Frühling, wenn die Erde wieder grün wird, kommt er zurück zu seinem Acker und schaut, ob aller Samen aufgegangen ist, und wenn dann im Herbst die Erntezeit herangekommen ist, dann sieht er nach, ob in den Weizenähren auch viele Körner sind.

So ist es auch mit Jesus. Er möchte, daß das Wort Gottes, das er in unser Herz hineingegeben hat, wächst und Früchte bringt. Er erzählte seinen Jüngern folgendes Gleichnis: Es war einmal ein Mann, der wollte in ein fernes Land reisen. Zuvor rief er alle Knechte zusammen und verteilte sein Geld unter sie. Einem gab er fünf Talente, dem anderen zwei, dem dritten ein einziges Talent, jeden nach seiner Fähigkeit. Dann reiste er fort.

Der nun, welcher die fünf Talente empfangen hatte, ging sogleich daran, mit ihnen Handel zu treiben, kaufte Dinge und verkaufte sie wieder, und am Ende hatte er fünf Talente hinzugewonnen. Ebenso gewann auch der mit den zwei Talenten noch zwei andere hinzu. Der aber, der nur ein einziges Talent bekommen hatte, nahm es und vergrub es in der Erde.

Nach langer Zeit nun kam der Mann von seiner großen Reise zurück. Wieder rief er seine Knechte zusammen und sprach zu ihnen: „Nun will ich mit euch abrechnen. Was habt ihr mit dem Geld gemacht, das ich euch gegeben habe?“

Da kam jener, welcher fünf Talente bekommen hatte, brachte die fünf, die er hinzugewonnen hatte und sprach: „Herr, fünf Talente hast du mir gegeben, schau, ich habe noch fünf dazugewonnen.“ Da sagte sein Herr zu ihm: „Recht so, du guter und treuer Knecht. Weil du weniges treu verwaltet hast, will ich dir vieles schenken. Komm und schau die Freude, die ich dir bereitet habe.“ Da kam auch der mit den zwei Talenten und sagte: „Herr, zwei weitere habe ich hinzugewonnen.“ Auch den lobte der Herr und sprach: „Schaue du gleichfalls die Freuden, die dein Herr für dich bereitet hat.“ Endlich kam der, welcher ein einziges Talent bekommen hatte, und sagte: „Herr, ich wußte, daß du ein harter Mann bist. Ich fürchtete mich, deshalb ging ich hin und vergrub das eine Talent in der Erde. Hier bringe ich es dir zurück.“ Da wurde sein Herr zornig und rief: „Du fauler Knecht! Warum hast du dein Geld nicht auf die Bank gebracht? Da hättest du Zinsen bekommen.“ Und er nahm dem faulen Knecht das eine Talent ab und gab es dem, der schon zehn Talente hatte.
Wir müssen also Gott einmal Rechenschaft darüber ablegen, was wir mit den Gaben getan haben, die er in uns gelegt hat. Er gibt nicht jedem dieselben Fähigkeiten und auch nicht dieselbe Kraft. Gott verlangt von niemandem mehr, als er auch wirklich vermag, und er hat Geduld mit uns. Dies wird deutlich in einem anderen Gleichnis.
Ein Herr hatte einmal einen Feigenbaum, der war schon drei Jahre alt und trug noch keine Frucht. Da wollte der Herr ihn ausreißen lassen, doch sein Gärtner antwortete: „Herr, laß ihn noch dieses Jahr stehen. Ich will rings um ihn herum die Erde aufhacken und düngen. Vielleicht setzt er dann Frucht an. Wenn er in einem Jahr noch immer keine Frucht bringt, dann kannst du ihn ausreißen.“ Der Gärtner ist Christus. Er hat Geduld mit den Menschen.

Jesus spricht über das Geld

Wir sollen arbeiten und Geld verdienen, aber Gott will nicht, daß wir Geld aufhäufen und sagen: „Jetzt kann uns nichts mehr geschehen. Wir haben ja viel Geld.“ Was wir übrig haben, das sollen wir denen geben, die Not leiden. Wenn wir einmal sterben, wird Gott uns nicht fragen: „Wieviel Geld hast du angesammelt?“ Vielmehr wird er uns fragen, was wir mit unserem Geld getan haben. Gott zählt nicht unser Geld. Er will nur wissen, ob wir damit den Notleidenden geholfen haben. Alle Reichtümer der Welt nützen uns nichts, wenn wir sie nicht richtig gebrauchen.
Einmal kam ein Mann zu Jesus und beklagte sich, sein Bruder wolle ihm nicht sein Erbteil geben. Jesus antwortete ihm, er solle sich vor jeder Habsucht hüten, und erzählte ihm ein Gleichnis: Ein Mann hatte einmal eine gute Ernte gehabt. Deshalb sprach er zu sich selber: „Was soll ich jetzt tun? Ich habe ja nicht genug Platz, um all den Weizen unter Dach zu bringen. Das Beste ist, ich breche die alten Scheunen ab und baue größere. Darin hat dann alles Platz. Wenn die neuen Scheunen fertig sind, dann kann ich mir sagen: Nun hast du Vorräte da liegen für viele Jahre; ruh dich aus, iß und trink und mach dir einen schönen Tag.“ Das hörte Gott, und er sprach zu dem Mann: „Du Narr, noch in dieser Nacht mußt du sterben. Was du da alles neu hergerichtet hast, für wen soll das nun sein?“ So geht es dem, der Schätze sammelt und darüber Gottes Wort vergißt.

Jesus weiß, daß das Geld für die Menschen immer eine Versuchung ist, Gott und die Seele zu vergessen. Deshalb sagt er: „Sammelt euch nicht Schätze auf Erden, wo Motten und Rost sie zerstören und Diebe sie stehlen können. Sammelt euch Schätze im Himmel, die kann euch niemand rauben. Ihr könnt nicht Gott dienen und dem Geld. Niemand kann zwei Herren dienen." Damit seine Jünger dies noch besser verstünden, trug er ihnen folgendes Gleichnis vor: Es war ein reicher Mann, der lebte alle Tage herrlich und in Freuden und kleidete sich wie ein König. Ein armer Mann aber, der Lazarus hieß, lag vor dem Palast des Reichen. Er war über und über mit Geschwüren bedeckt und hätte gern die Bissen gegessen, die vom Tisch des Reichen fielen, aber man gab ihm nichts. Als Lazarus starb, wurde er von Engeln in den Schoß Abrahams getragen, der Reiche aber kam nach seinem Tod an einen Ort, wo er viel leiden mußte. Als er nun Lazarus im Schoß Abrahams sah, da rief er: „Vater Abraham, schicke mir den Lazarus, damit er mit Wasser meine Zunge kühlt, denn ich verbrenne bald in diesen Flammen." Abraham antwortete ihm: „Du hast in deinem Leben immer nur Gutes empfangen, Lazarus dagegen hat nichts als Not gekannt, dafür darf er jetzt bei mir sein. Auch ist zwischen uns und euch eine tiefe Kluft, also kann Lazarus nicht zur dir hinüberkommen, und du kannst nicht zu ihm." Da flehte der Reiche: „Dann laß den Lazarus wenigstens in mein Vaterhaus gehen. Ich habe nämlich fünf Brüder, denen soll er Nachricht geben. Ich will nicht, daß auch sie an diesen Ort der Schrecken kommen." Da antwortete ihm Abraham: „Deine Brüder haben Moses und die Propheten, auf die sollen sie hören." Der Reiche erwiderte: „Nicht doch, Vater Abraham, wenn ein Toter zu ihnen kommt, dann werden sie eher gute Menschen." Abraham sagte: „Wenn sie auf Moses und die Propheten nicht hören, so werden sie auch nicht auf den rechten Weg zurückkehren, wenn einer von den Toten aufersteht."

Niemand weiß, wann der Herr kommt

Ein andermal erzählt Jesus folgendes Gleichnis: Es waren einmal zehn Jungfrauen, die wollten auf eine Hochzeit gehen. Fünf von ihnen waren klug, fünf aber waren töricht. Die törichten hatten zwar ihre Lampen mitgenommen, doch sie hatten das Öl vergessen. Die klugen Jungfrauen hatten dagegen genügend Öl in ihren Lampen. Sie warteten auf den Bräutigam, doch der kam nicht sogleich, und so nickten sie ein und schliefen.

Gegen Mitternacht hörten sie plötzlich ein Geschrei: „Seht, der Bräutigam kommt. Steht eilig auf und geht ihm entgegen!“ Da standen die zehn Jungfrauen eilig auf und machten ihre Lampen zurecht. Die törichten jammerten: „Wir haben kein Öl mehr.“ Und sie sagten zu den klugen Jungfrauen: „Gebt uns etwas von eurem Öl, denn unsere Lampen verlöschen.“ Da erwiderten ihnen die klugen: „Wenn wir euch von unserem Öl mitgeben, dann reicht es nicht für uns alle. Geht daher in einen Laden und kauft euch welches.“

Also mußten die törichten Jungfrauen mitten in der Nacht einen Laden suchen, in dem man Öl verkaufte. Währenddessen kam der Bräutigam, und die bereit waren, gingen mit ihm hinein und feierten Hochzeit. Als alle hineingegangen waren, wurde die Tür verschlossen. Endlich kamen auch die Jungfrauen, die erst noch Öl kaufen mußten, und fragten: „Wo ist der Bräutigam?“ Da hörten sie, daß er schon längst gekommen war und drinnen Hochzeit feierte. Die törichten Jungfrauen klopften an die Tür und riefen: „Herr, Herr, mach uns auf!“ Der Herr aber sprach: „Wer seid ihr? Ich kenne euch nicht!“ Und so wurden sie nicht hereingelassen.

Der Bräutigam ist Jesus Christus. Die Jungfrauen sind alle die, welche sein Wort gehört haben. Die törichten Jungfrauen sind die, welche das Wort des Herrn nur allzuoft vergessen, sie sagen sich: „Warum immer an den Herrn denken? Es geht schon alles gut.“ Die klugen Jungfrauen dagegen bleiben wachsam, sie wissen, daß Gott jeden Augenblick kommen kann. Darum sind sie immer in Bereitschaft. Das Öl, das in ihren Lampen brennt, ist der feste Glaube daran, daß Gott sie nicht vergißt und daß er sie heimholen wird in seine Herrlichkeit. Mit dem Bräutigam Hochzeit feiern bedeutet: Gott ganz nahe sein, so nahe, daß nichts in der Welt uns von ihm wegreißen kann. Niemand weiß, wann Gott zu uns kommen wird, um ganz nahe bei uns zu sein. Deshalb sollten unsere Gedanken häufig bei ihm sein. Wie könnten wir unsere Gedanken aber besser bei Gott sammeln als im Gebet?

Beten heißt, Gedanken und Herz auf den Vater im Himmel richten, heißt vertrauensvoll mit ihm sprechen, so wie ein Kind mit seinem Vater spricht. Wir dürfen viel von ihm erbitten, er wird uns alles geben, was wir nötig haben. Vertrauensvoll sollen wir beten, und wir sollen nicht nachlassen im Beten. So sagt Jesus: Wenn einer von euch einen Freund hat und mitten in der Nacht zu ihm geht und sagt: „Mein Freund, leihe mir drei Brote, denn es ist unerwartet Besuch gekommen, und ich habe keine Schnitte Brot mehr im Haus“, so wird er wahrscheinlich von drinnen rufen: „Wir sind schon alle zu Bett gegangen, ich kann jetzt nicht mehr aufstehen und Lärm machen im Haus deiner Brote wegen. Die Kinder würden wach. Geh und laß mich in Frieden.“ Ihr aber werdet noch einmal klopfen und sagen: „Ich gehe nicht ohne die Brote.“ Da wird euer Freund schließlich zu sich selber sagen: „Das Beste ist, ich stehe auf. Sonst läßt er mich die ganze Nacht nicht schlafen.“ Und so bekommt ihr eure Brote.

Der, welcher an die Tür klopft, ist der Beter, der nicht müde wird beim Beten. Weil er nun so beharrlich bittet, gibt ihm Gott schließlich, was er nötig hat. Deshalb sagt Jesus, nachdem er dieses Gleichnis erzählt hat: „Bittet, und es wird euch gegeben werden. Suchet, und ihr werdet finden, klopfet an, und es wird euch aufgetan werden.“ Gott will also den beharrlichen Beter. Er will den Christen, der wachsam ist und immer aufmerksam auf die Stimme Gottes hört. Denen, die ihre Gedanken im Gebet auf ihn richten, gibt er den rechten Geist, und wer diesen Geist in sich aufgenommen hat, der kann nichts Falsches tun.

Geht zu den verlorenen Schafen!

Jesus rief seine zwölf Jünger zu sich und gab ihnen die Gewalt, böse Geister auszutreiben und jede Krankheit zu heilen. Vor allem aber sollten sie das Wort Gottes verkünden, und er sandte sie aus und sprach zu ihnen: „Geht zu den verlorenen Schafen und verkündet: ‚Das Gottesreich ist nahe.' Heilt Kranke, weckt Tote auf, macht Aussätzige rein und treibt böse Geister aus. Weil ihr dies alles umsonst bekommen habt, sollt auch ihr umsonst geben. Sagt nicht: Wir brauchen doch Geld für die Reise und einen zweiten Rock. Zieht aus, so wie ihr seid, es wird euch nichts fehlen. Wenn ihr in eine Ortschaft kommt, dann fragt, in welchem Haus ihr gute Menschen finden könnt. Dort bleibt dann, bis ihr weiterziehen wollt. Wenn ihr nun in ein Haus kommt, sagt: ‚Friede diesem Haus!' Wenn man euch nicht aufnehmen oder eure Worte nicht hören will, dann geht einfach weiter zum nächsten Haus oder in die nächste Stadt.
Seht, ich sende euch wie Schafe mitten unter die Wölfe. Böse Menschen werden euch vor den Richter stellen und in den Gotteshäusern schlagen. Habt keine Angst, ich bin bei euch, und macht euch keine Sorge, wie und was ihr reden sollt. Der Geist eures Vaters wird euch die rechten Worte eingeben, denn nicht ihr seid es, die reden, sondern der Geist eures Vaters ist es, der aus euch spricht. Viele werden euch hassen, weil ihr meinen Namen tragt. Wer aber aushält bis ans Ende, der wird gerettet werden.

Fürchtet euch nicht vor denen, die den Leib töten, aber der Seele nichts anhaben können. Fürchtet nur den, der Leib und Seele verderben kann.
Zwei Sperlinge kosten nur ein paar Pfennige, und dennoch fällt kein Sperling zu Boden, wenn es der Herr, euer Vater, nicht will. Wenn also euer Vater schon über die Sperlinge wacht, wieviel mehr wird er über euch wachen, die ihr doch mehr wert seid als viele Sperlinge.
Wenn die anderen euch fragen, ob ihr meine Jünger seid, dann sagt mutig: Ja, wir sind es. Wenn ihr euch aber schämt zu sagen, daß ihr meine Jünger seid, dann werde ich zu meinem Vater im Himmel sagen: Sie schämen sich zu bekennen, daß sie Christen sind. Wie sollte ich ihnen da noch helfen!
Wer nicht die Mühen tragen will, die Gott auf seine Schultern legt, der ist nicht wert, mein Jünger zu heißen.
Vor allem aber sollt ihr denen helfen, die nicht mehr weiterkönnen. Daran soll die Welt erkennen, daß ihr meine Jünger seid. Wer dem Geringsten auch nur einen Becher frischen Wassers reicht, der tut meinen Willen, und ich werde ihn dafür belohnen."

Wer ist der Größte?

Eines Tages kamen Jakobus und Johannes, die Söhne des Zebedäus, zu Jesus und sprachen: „Meister, wir möchten, daß du uns eine Bitte gewährst." Jesus fragte sie: „Was ist denn euer Wunsch?" Sie antworteten ihm: „Wenn du in deiner Herrlichkeit auf deinem Thron sitzt, dann laß einen von uns zu deiner Rechten und den anderen zu deiner Linken sitzen."
Jesus aber sprach zu ihnen: „Ihr wißt nicht, um was ihr bittet. Könnt ihr die Schmerzen leiden, die ich leiden muß?" Sie sagten: „Ja, das können wir." Da sprach Jesus zu ihnen: „Die Schmerzen, die ich leiden muß, werdet auch ihr leiden, aber die Plätze zu meiner Rechten und zu meiner Linken habe ich nicht zu vergeben. Diese Plätze sind nämlich für die, welche dafür bestimmt sind."
Als die übrigen zehn Jünger das hörten, wurden sie unwillig über Jakobus und Johannes. Jesus rief sie alle zu sich und sprach: „Ihr kennt doch die Herrscher der Völker. Sie spielen sich als die großen Herren auf und lassen ihre Untertanen spüren, daß sie alle Macht in ihren Händen halten und sie gebrauchen können, wie sie wollen.

Unter euch aber soll es anders sein. Wer von euch ein Großer sein will, der sei ein Diener, und wer unter euch der Erste sein will, der sei aller Knecht. Denn auch der Menschensohn ist nicht gekommen, sich bedienen zu lassen, sondern zu dienen und sein Leben hinzugeben, damit viele gerettet werden."

Später, als Jesus kurz vor seinem Tod mit seinen Jüngern das Abendmahl ißt, entsteht unter ihnen noch einmal ein Streit darüber, wer von ihnen der Größte sei. Wieder erinnert Jesus sie an das Beispiel, das er selbst gegeben hat. Er sagt: „Wer ist größer? Der am Tisch sitzt oder der, welcher ihn bedient? Nicht wahr, der am Tisch sitzt, der ist der Größere? Ich aber bin immer wie ein Diener gewesen."

Bei demselben Mahl tut Jesus etwas, was alle seine Jünger in Erstaunen setzt. Er bindet sich eine Schürze um, gießt Wasser in ein Becken, wäscht den Jüngern darin die Füße und trocknet sie mit seiner Schürze ab. Dann sagt er zu ihnen: „Versteht ihr, warum ich das getan habe? Ihr nennt mich Herr und Meister, und ich bin es. Wenn nun ich, als der Herr und Meister, euch die Füße wasche, wieviel mehr seid ihr dann verpflichtet, einander die Füße zu waschen."

Die Wege in Palästina waren staubig, und wenn einer nach einem langen Fußmarsch in ein Haus kam, zog ein Diener ihm die Sandalen aus und wusch ihm die heißen, staubbedeckten Füße. Das war keine angenehme Arbeit, und der Diener mußte sich beim Waschen bis zur Erde herunterbeugen.

Was ein wahrer Christ vermag: Das Leben des Apostels Paulus

Kaum einer hat das Beispiel Jesu getreuer nachgeahmt als der Apostel Paulus. Einmal wirft man ihm vor, er tue dies alles nur, um berühmt zu werden. Darauf antwortet er: „Ihr nennt mich einen Schlaukopf. Ich glaube dagegen, daß es eine Torheit ist, ein solches Leben zu führen, wie ich es führe. Aber ich möchte nicht anders leben. Ich liebe diese Torheit. Das Kreuz Christi war eine Torheit, aber eine Torheit, die aus der Liebe kommt. Ich habe mich entschieden: ich will immerfort von der Liebe Zeugnis geben, die Jesus Christus uns gelehrt und vorgelebt hat."

In seinem ersten Brief an die christliche Gemeinde in Korinth schreibt er: „Ich glaube, Gott hat uns Apostel als die Allergeringsten hingestellt, wie Menschen, die zum Tode bestimmt sind. Bis zur Stunde hungern und dürsten wir, werden geschlagen und wissen nie, wo wir bleiben sollen."

In seinem zweiten Brief an die Korinther berichtet er von dem schweren Leben, das er um Christi willen auf sich genommen hat: „Von den Israeliten erhielt ich hundertneunundneunzig Schläge auf den Rücken, dreimal wurde ich mit Geißeln geschlagen, einmal mit Steinen beworfen, und dreimal erlitt ich Schiffbruch. Da trieb ich einen Tag und eine Nacht hilflos auf dem Meer umher. Auf Reisen war ich oft in großer Gefahr: Reißende Flüsse und heiße Wüsten brachten mich nicht selten an den Rand des Todes, Räuber, ja falsche Freunde trachteten mir mehr als einmal nach dem Leben. Manchen Tag habe ich in Mühsal und Beschwerden zugebracht, ich habe Hunger und Durst gelitten, und ich habe oft gefroren.

Jeden Tag kamen viele zu mir mit ihren Sorgen, ich habe einen jeden angehört und versucht zu helfen und zu trösten, wo ich dies immer konnte. Auch um die christlichen Gemeinden in der Ferne habe ich mich stets gesorgt.

Wenn einer schwach wurde, dann habe ich mit ihm gelitten, und wenn einen ein schweres Unglück traf, dann habe auch ich einen brennenden Schmerz empfunden.

In Damaskus ließ der Statthalter des Königs Aretas die Stadt der Damaszener bewachen, um mich zu ergreifen, aber ich wurde in einem Korb die Stadtmauer hinuntergelassen und entkam so den Soldaten des Aretas."

In all den Leiden und Beschwerden bleibt Paulus stark, denn er hat in sich das Licht des Glaubens, das Christus in ihm entzündet hat. In demselben Brief sagt er über die frohe Botschaft, die Christus uns gebracht hat: „In allem werden wir bedrängt, doch nie erdrückt, wir sind oft im Zweifel, doch wir verzweifeln nicht. Wir müssen Verfolgung leiden, doch wir sind nicht verlassen, wir werden niedergeworfen, doch wir gehen nicht zugrunde. Allezeit tragen wir Jesu Leiden an unserem Leib, damit das Leben Jesu an uns sichtbar werde. Wir wissen, daß derjenige, der Jesus von den Toten auferweckt hat, auch uns auferwecken und heimholen wird. Darum verlieren wir nie den Mut. Unsere augenblickliche leichte Trübsal wird uns einmal eine Überfülle an Herrlichkeit bringen. Nur dürfen wir nicht auf das Sichtbare schauen, sondern auf das Unsichtbare, denn das Sichtbare vergeht, das Unsichtbare aber ist ewig." Am Ende wird der rastlose Apostel in Rom gefangengenommen. Er verleugnet Christus nicht, und so schlagen sie ihm den Kopf ab.

Das Brot, das Christus meint

Wieder einmal waren viele Leute Jesus gefolgt. Sie sahen nämlich, wie er vieles tat, was wieder Licht und Hoffnung in ihr Leben brachte.
Jesus ging auf den Berg hinauf und setzte sich dort mit seinen Jüngern nieder. Das Osterfest der Juden war nahe. Als nun Jesus die Menge sah, die ihm gefolgt war, sprach er zu Philippus: „Wo werden wir Brot kaufen, damit sie alle zu essen haben?" Jesus sagte dies, um den Philippus auf die Probe zu stellen, denn er wußte genau, was er tun wollte. Philippus antwortete ihm: „Wenn jeder auch nur einen kleinen Bissen bekommen sollte, dann würde Brot für zweihundert Denare bei weitem noch nicht reichen." Da sagte Andreas: „Es ist ein Junge hier, der hat fünf Gerstenbrote und zwei Fische. Aber was ist das für so viele Menschen?" Jesus sprach: „Sagt den Leuten, sie sollen sich setzen." An der Stelle wuchs nämlich viel Gras. Da setzten sich die Leute auf den Rasen. An die fünftausend waren es.
Jesus nahm nun die Brote, sprach das Dankgebet darüber und verteilte sie unter die Leute. Dann teilte er auch die Fische aus, und alle wurden satt. Jesus sagte zu seinen Jüngern: „Was übriggeblieben ist, sollt ihr in Körbe sammeln, damit nichts zertreten wird." Sie füllten zwölf Körbe mit Brotstückchen.
Die Leute sprachen zueinander: „Dieser ist wahrhaftig der Prophet, der in die Welt kommen soll." Und sie dachten: „Wir wollen ihn zum König machen. Dann wird es uns an nichts fehlen." Jesus aber ging fort und blieb eine Zeitlang für sich allein.

Es war spät geworden. Deshalb gingen die Jünger Jesu hinab zum See. Sie wollten in einem Boot nach Kapharnaum hinüberfahren. Es war schon dunkel, und Jesus war noch nicht zu ihnen gekommen. Da erhob sich ein starker Wind, und die Wellen schlugen hoch. Als sie nun ein Stück gerudert waren, da erblickten sie Jesus, wie er auf dem See daherging und ganz nahe an das Boot herankam. Da fürchteten sie sich, Jesus aber sprach zu ihnen: „Ihr braucht keine Angst zu haben. Ich bin es." Sie wollten ihn in ihr Boot nehmen, und gleich darauf waren sie auch schon am anderen Ufer.

Am nächsten Morgen suchten die Leute Jesus und seine Jünger am Ufer des Sees. Doch sie fanden sie nicht. Deshalb stiegen sie in Boote, die am Ufer festgebunden waren, und ruderten nach Kapharnaum hinüber, um Jesus dort zu suchen. Als sie ankamen, sahen sie Jesus da stehen, und sie fragten ihn: „Meister, wann bist du hierhergekommen?" Jesus antwortete ihnen: „Ihr sucht mich nicht deshalb, weil ihr wunderbare Zeichen gesehen, sondern weil ihr von den Broten gegessen habt und satt geworden seid. Doch ich sage euch: Müht euch nicht so sehr um vergängliche Speise, sondern sucht eine Speise, die euch für ein ewiges Leben nährt. Diese Speise wird euch der Sohn Gottes geben. Gott der Vater hat ihn dazu in die Welt geschickt." Da fragten ihn die Leute: „Was sollen wir denn tun, damit wir Gottes Willen erfüllen?" Jesus antwortete ihnen: „Ihr sollt an den glauben, den Gott geschickt hat." Die Leute fragten: „Welches Zeichen wirkst du denn, daß wir glauben können? Unsere Väter haben das Manna gegessen, als sie durch die Wüste zogen, wie geschrieben steht: ‚Brot vom Himmel gab er ihnen zu essen'."

Ein großes Geheimnis: Jesus ist das Brot des Lebens

Jetzt ist der Augenblick gekommen, da Jesus den Leuten sein tiefstes Geheimnis offenbart. Er sagt zu ihnen: „Nicht Moses gab euch das Brot vom Himmel, sondern mein Vater schickt euch vom Himmel das wahre Brot, und dieses Brot gibt der Welt das Leben." Die Leute sagen: „Herr, gib uns für immer dieses Brot!" Jesus erwidert ihnen: „Ich bin das Brot des Lebens. Wer zu mir kommt, der wird nicht mehr hungern, und wer an mich glaubt, wird nie mehr dürsten. Eure Väter haben in der Wüste Manna gegessen und sind gestorben. Wer aber von dem Brot ißt, das vom Himmel herabkommt, der stirbt nicht. Ich bin dieses lebendige Brot, und wer es ißt, der wird leben in Ewigkeit. Das Brot aber, das ich geben werde, ist mein Fleisch, und ich gebe es dahin, damit die Welt das Leben hat."

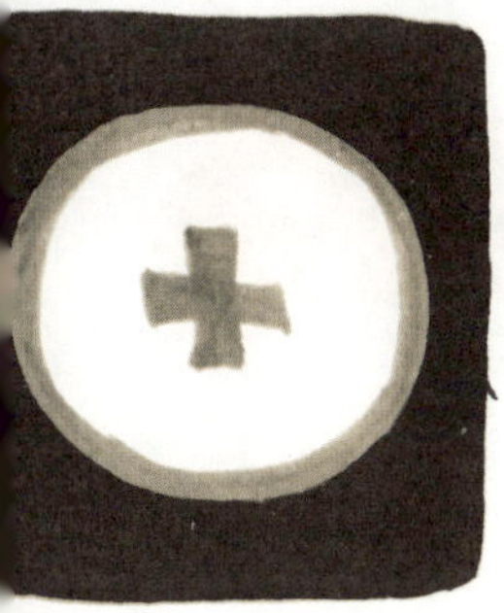

Da murrten die Juden und sprachen zueinander: „Wie kann er uns denn sein Fleisch zu essen geben?" Jesus hörte das und sagte zu ihnen: „Wenn ihr mein Fleisch nicht eßt und mein Blut nicht trinkt, dann werdet ihr nicht das Leben in euch haben. Wer aber mein Fleisch ißt und mein Blut trinkt, den werde ich am Jüngsten Tage von den Toten auferwecken. Mich hat der lebendige Vater zu euch geschickt, und ich habe sein Leben in mir. Deshalb wird auch der das Leben haben, welcher mein Fleisch ißt und mein Blut trinkt."
Selbst die Jünger Jesu wußten nicht, was sie dazu sagen sollten. Es ist ein großes Geheimnis, und wir werden es nie ganz verstehen. Der Evangelist Johannes sagt von Jesus: „Und das Wort Gottes ist Fleisch geworden und hat unter uns gewohnt." Er will damit sagen: Das Wort Gottes ist als Mensch zu uns gekommen. Wenn nun Jesus, das fleischgewordene Wort Gottes, sagt, wir sollten sein Fleisch essen und sein Blut trinken, dann soll das heißen: Auf diese Weise nehmen wir das Wort Gottes in uns auf. Jenes Geheimnis nennen wir auch das Geheimnis der Eucharistie. Eucharistie heißt wörtlich: gute Gabe, gnadenreiches Geschenk. Und das ist ein großes, unverdientes Geschenk: daß wir das Wort Gottes in uns tragen dürfen.

Die Feier der Eucharistie hieß am Anfang Herrenmahl

So sah die Eucharistiefeier der ersten Christen aus: Am Abend traf sich die Gemeinde in einem kleinen Saal oder auch im Haus eines Christen. Dort brachen sie das Brot in Erinnerung an Jesus Christus und aßen es. Dieses gemeinsame Mahl nannten sie das Herrenmahl, weil sie dabei immer aufs neue mit ihrem Herrn Jesus Christus verbunden waren. Andere sagten auch Liebesmahl, war es doch schon ein Zeichen der Liebe, wenn die Gemeindemitglieder oft zusammenkamen und ihre Sorgen miteinander besprachen und sich gemeinsam freuten, wenn einem von ihnen etwas Gutes widerfahren war. Nun geschah es aber nicht selten, daß die frühen Christen beim Herrenmahl vergaßen, daß sie um Jesu Christi willen zusammengekommen waren. So ist der heilige Paulus mit der Gemeinde in Korinth gar nicht zufrieden. Er hat gehört, daß sie beim Herrenmahl sich streiten und daß einige ihr Essen schnell herunterschlingen, weil sie nicht mit den anderen teilen wollen. Ja, einige sind am Ende gar betrunken. Der Apostel fragt sie in einem Brief: „Habt ihr nicht Häuser zum Essen und Trinken? Wollt ihr der Gemeinde Gottes Schande bereiten und fortfahren, die zu verachten, die nichts haben?“ Wie konnten die Korinther das Herrenmahl würdig feiern, wenn sie sich stritten und nur ihren eigenen Vorteil suchten? Sie durften nicht erwarten, daß Gottes Gnade auf sie herunterkam, wenn sie dem Nächsten nicht mit Liebe begegneten, sondern nur an sich selber dachten.

Damit die Korinther das Herrenmahl nun wieder würdig feiern, erinnert der heilige Paulus sie noch einmal daran, was Jesus beim allerersten Herrenmahl gesagt und getan hat:

„Der Herr Jesus nahm in der Nacht, in der er verraten wurde, Brot, dankte, brach es und sprach: ‚Das ist mein Leib für euch. Dies tut zu meinem Gedächtnis.' Nach dem Mahl nahm er den Kelch und sprach: ‚Dieser Kelch ist der Neue Bund in meinem Blut. Dies tut, sooft ihr trinkt, zu meinem Gedächtnis. Sooft ihr dieses Brot eßt und diesen Kelch trinkt, verkündet ihr den Tod des Herrn, bis er wiederkommt.' "

Weil nun dieses Herrenmahl so ganz anders ist als jede andere Mahlzeit, müssen alle, die zu diesem Mahl kommen, sich vorher fragen: „Sind wir auch würdig, dieses Brot zu essen und diesen Kelch zu trinken?" So ermahnt der heilige Paulus alle Gläubigen: „Prüft vorher euer Herz! Vor allem fragt euch, ob ihr nicht etwas gegen euren Nächsten habt. Vertragt euch zuerst mit ihm!"

Einmal fragt Petrus den Heiland: „Wenn einer böse zu mir war, wie oft muß ich ihm verzeihen? Siebenmal?" Jesus antwortet ihm: „Siebzigmal siebenmal sollst du ihm verzeihen!"

So ist ein Herrenmahl nur dann würdig, wenn es zugleich auch ein Liebesmahl ist. Die zum Liebesmahl kommen, sollen sich nicht nur halbwegs vertragen, nein, sie sollen einander lieben. Nur dann wird das Wort Gottes zu ihnen kommen.

Der Heilige Geist ist wie der Finger Gottes

Da war ein Mann, den hatte ein böser Geist ganz stumm gemacht, so daß er nicht mehr sprechen konnte. Jesus trieb den bösen Geist aus, und der Mann konnte mit einemmal wieder sprechen. Da staunten die Leute. Einige aber sagten: „Durch Beelzebul, den Obersten der bösen Geister, treibt er die bösen Geister aus." Andere dachten: Es sollte ein Zeichen vom Himmel kommen, damit wir wissen, daß die Kraft Gottes in ihm ist und nicht die Kraft Beelzebuls, des Königs der bösen Geister.

Jesus wußte, was sie dachten, und sprach zu ihnen: „Jedes Reich, in dem die einen gegen die anderen streiten, ist verloren. Wenn also in gleicher Weise Beelzebul seine eigenen Geister vertreiben würde, wie könnte da sein Reich bestehen? Und da behauptet ihr, durch Beelzebul triebe ich die bösen Geister aus. Nicht durch Beelzebul, sondern durch den Finger Gottes treibe ich Geister aus, und weil der Finger Gottes mir dabei hilft, ist das Gottesreich mitten unter euch gekommen."

Mit diesen Worten will Jesus den Leuten klarmachen, daß er immer nur in enger Verbindung mit seinem Vater im Himmel seine Wunder wirkt. Diese ständige geheimnisvolle Verbindung zwischen ihm und seinem Vater ist der Heilige Geist, den Jesus hier mit einem Finger vergleicht. Der Finger ist ein Bild für die Kraft Gottes.

Im Evangelium des heiligen Johannes sagt Jesus über den Heiligen Geist: „Wenn ihr mich liebt, werdet ihr meine Gebote halten, und ich will den Vater bitten, euch einen anderen Helfer zu geben, der immer bei euch bleiben soll. Dieser Helfer ist der Geist der Wahrheit. Die Welt erkennt ihn nicht, weil sie nicht auf mein Wort hört, sondern sich verschließt. Ihr aber kennt diesen Geist der Wahrheit, und er wird immer bei euch bleiben."
Da fragte ihn Judas: „Warum willst du dich nur uns, nicht aber der ganzen Welt offenbaren?"
Jesus antwortete ihm: „Ich komme zu jedem, der mein Wort hören will."
Jesus zwingt niemanden, an ihn zu glauben. Jeder muß sich entscheiden, ob er für oder gegen Jesus sein will.
Wenn Jesus Christus sagt, Gott der Vater werde den Christen einen anderen Helfer geben, so deutet er damit schon auf seinen Tod, seine Auferstehung von den Toten und seine Himmelfahrt hin. Also fährt er fort: „Noch spreche ich selber zu euch. Wenn ich dann nicht mehr bei euch bin, dann wird euch Gott in meinem Namen den großen Helfer schicken, den Heiligen Geist. Der wird euch stets sagen, was ihr tun müßt, und er wird euch an jedes Wort erinnern, das ich zu euch gesprochen habe."
So läßt Jesus Christus die Seinen nicht wie Waisenkinder zurück. Er verspricht ihnen eine große Hilfe für die Zeit, in der er nicht mehr bei ihnen sein kann. Einmal aber wird Jesus wiederkommen, um sie zu sich zu holen. Bis dahin haben sie den Heiligen Geist.
So ist der Abschied von Christus nicht schmerzlich wie eine endgültige Trennung. Er sagt: „Noch eine kleine Weile, und die Welt sieht mich nicht mehr. Ihr aber werdet mich wiedersehen."
Die Christen sind nicht traurig, weil er gegangen ist, denn er hat sie ja nicht allein gelassen.

Gott sieht nicht auf das Äußere

Einmal bemerkte ein Pharisäer, daß Jesus sich vor dem Essen nicht gewaschen hatte, wie es das Gesetz des Moses vorschrieb. Jesus wußte, was der Pharisäer dachte, und er sprach zu ihm: „Du bist auch einer von denen, die glauben, es sei genug, wenn sie sich die Hände waschen und die Schüsseln spülen. Achtet lieber auf den Schmutz in eurem Herzen und prüft, ob ihr nicht lieblos seid. Gott schaut nicht auf das Äußere, Gott sieht nur auf das Herz. Alles Böse kommt aus dem Inneren des Menschen: schlechte Gedanken, Habsucht, Neid, Hinterlist, Diebstahl und Mord. Reinigt euer Inneres. Nur mit einem reinen Herzen könnt ihr Gotteskinder sein."
Menschen, wie dieser Pharisäer einer ist, hat es immer gegeben und wird es immer geben. So meint Jesus mit dem folgenden Gleichnis nicht nur einige Pharisäer, nein, er meint auch uns.
Zwei Männer gingen in den Tempel, um zu beten. Der eine war ein Pharisäer, der andere ein Zöllner. Der Pharisäer stellte sich hin und betete: „Gott, ich danke dir, daß ich nicht so bin wie die anderen Menschen, wie die Diebe und Betrüger oder wie dieser Zöllner da. Ich faste zweimal in der Woche und gebe den zehnten Teil von allem, was ich besitze." Der Zöllner aber blieb ganz hinten im Tempel stehen. Er traute sich kaum, die Augen zum Himmel zu erheben und sagte nur: „Gott sei mir armen Sünder gnädig." Der Zöllner hat gut gebetet, er verachtet keinen, der Pharisäer dagegen hat schlecht gebetet. Er hält sich für besser als die anderen. Diese Selbstzufriedenheit ist schlecht.

Der Sabbat ist der Ruhetag der Juden. An diesem Tag dürfen sie nicht arbeiten.
Einmal nun ging Jesus mit seinen Jüngern durch die Felder, und da einige von ihnen Hunger hatten, pflückten sie hier und da ein paar Ähren ab. Das sahen einige Pharisäer, und sie sagten zu Jesus: „Deine Jünger tun, was am Sabbat nicht erlaubt ist." Jesus erwiderte ihnen: „Gott will, daß ihr den Menschen Gutes tut. Die Liebe steht immer an erster Stelle."
Als sie weitergingen, kamen sie in ein Gotteshaus. Da war ein Mann, der hatte eine gelähmte Hand. Einige Pharisäer waren Jesus gefolgt und sprachen zueinander: „Wir wollen doch einmal sehen, ob er den Gelähmten am Sabbat heilt. Es ist nicht erlaubt, am Sabbat zu heilen."
Jesus wußte, daß sie ihn beobachteten, und er sprach zu dem Mann mit der gelähmten Hand: „Stelle dich hierher in die Mitte!" Hierauf fragte er die Pharisäer: „Ist es am Sabbat erlaubt, Gutes zu tun und einem armen Mann zu helfen?" Sie schwiegen, und am Ende wurden sie zornig. Da war Jesus betrübt. Es machte ihn traurig, daß sie so hartherzig waren. Er sprach zu dem Mann: „Strecke deine Hand aus!" Im selben Augenblick konnte er die Hand wieder bewegen.
Ein andermal, als er einen Mann heilt, der den ganzen Leib voll Wasser hat, sind wieder einige da, die murren: „Am Sabbat darf man nicht heilen. Soll der Kranke an einem Wochentag wiederkommen!" Da sagt Jesus zu ihnen: „Wenn ein Kind am Sabbat in ein tiefes Wasser fällt, zieht ihr es dann nicht sofort heraus? Wenn einer in Not ist, dann muß man ihm helfen, auch wenn es Sabbat ist."
Jesus hat das Gesetz des Moses beachtet, solange es ihn nicht hinderte, Gutes zu tun. Er sagt den Frommen aber, daß sie Gott mit ihrer herzlosen Strenge keine Freude machen.

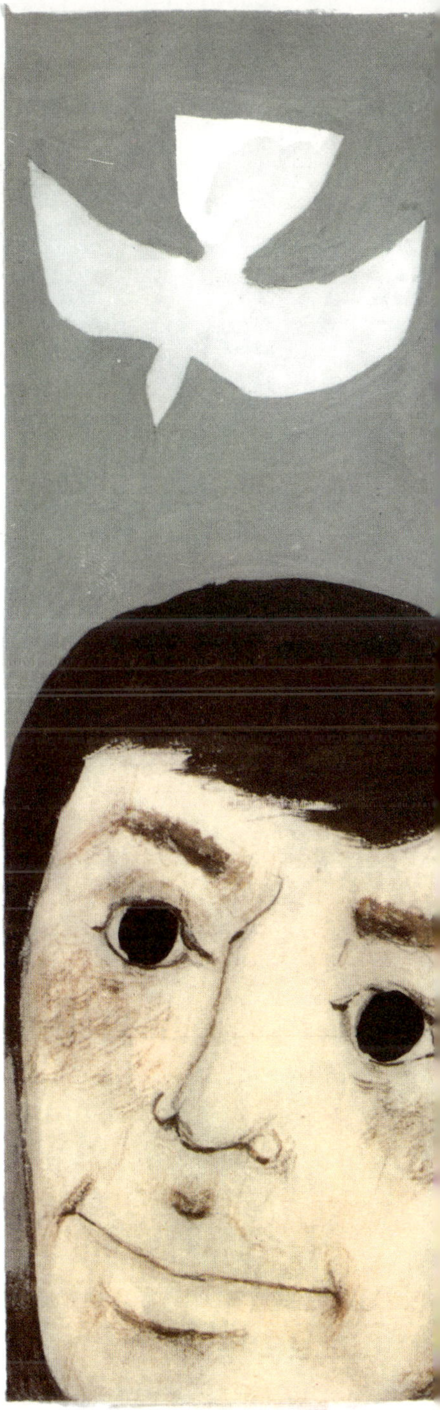

Für die Kleinen ist das Gottesreich

Einmal brachte man Kinder zu Jesus. Er sollte sie berühren. Die Jünger aber schimpften mit den Eltern und sagten: „Laßt den Meister in Ruhe.“ Jesus hörte das und sagte zu den Jüngern: „Was redet ihr da? Lasset die Kinder zu mir kommen und hindert sie nicht daran, denn für solche ist das Gottesreich. Ich sage euch: Wenn ihr das Gottesreich nicht annehmt wie ein Kind, dann werdet ihr es nie besitzen.“ Und er nahm die Kinder in seine Arme und segnete sie.

Ein andermal rief Jesus voller Freude aus: „Ich preise dich, Vater, Herr des Himmels und der Erde, daß du dies vor Weisen und Klugen verborgen, Kleinen aber geoffenbart hast. Ja, Vater, so war es gut.“ Dann wandte er sich zu seinen Jüngern und sagte: „Selig seid ihr, weil ihr dies alles sehen dürft. Denn ich sage euch: Viele Propheten und Könige verlangten sehnsüchtig danach, zu sehen, was ihr seht, doch sie haben es nicht gesehen. Und was hätten sie dafür gegeben, zu hören, was ihr hört, aber sie haben es nicht gehört.“

Und so spricht Jesus immer wieder mit besonderer Liebe von den Kindern und den Kleinen.
Warum hat Jesus die Kinder so lieb? Ist das Gottesreich nur für Kinder? Können die Großen es nie besitzen?
Jesus sagt deutlich: „Wenn ihr das Gottesreich nicht annehmt wie ein Kind, dann werdet ihr es nie besitzen." Das heißt: Auch die Großen können das Gottesreich besitzen, doch müssen sie dazu wie die Kinder sein. Was bedeutet das nun: Wie die Kinder sein? Was sollen wir darunter verstehen: das Reich annehmen wie ein Kind?
Athen, die Hauptstadt Griechenlands, stand damals in dem Ruf, die weisesten Männer in ihren Mauern zu haben. Auch ihnen wollte der Apostel Paulus die frohe Botschaft von Jesus Christus verkünden. Die weisen Männer von Athen fragten ihn: „Was redest du so seltsames Zeug? Wer ist dieser Jesus Christus?" Paulus erwiderte ihnen: „Ihr habt viele Götter, und ich sah in einem eurer Tempel einen Altar mit der Aufschrift: Dem unbekannten Gott. Der Gott, den ihr als den unbekannten verehrt habt, ist uns erschienen, und ich verkündige euch die frohe Botschaft. Es ist nicht ein Gott unter vielen, sondern der einzige und wahre Gott. Deshalb ist er auch von den Toten auferstanden". Da schüttelten die weisen Männer von Athen die Köpfe und lachten den Paulus aus. Sie sind die Weisen und Klugen, denen das Gottesreich verschlossen bleibt, weil sie es nicht annehmen mit kindlichem Gemüt. Sie können sich nicht herzlich freuen über die frohe Botschaft, daß der Erlöser endlich da ist. Sie trauen nur ihrem Verstand, der sagt ihnen: Niemand kann wieder lebendig werden, wenn er einmal tot ist.
Ganz anders verhalten sich die, welche Jesus die Kleinen nennt. Denken wir an die Hirten auf dem Feld. Sie laufen einfach in die Stadt und finden Jesus. So auch die drei Weisen aus dem Morgenland: Sie sind klug, sie haben viel gesehen in ihrem langen Leben, und dennoch folgen sie ohne viel zu fragen dem geheimnisvollen Stern. Sie alle nehmen das Gottesreich an wie Kinder, voll Vertrauen, daß Gott es gut mit uns meint. Und so stellen denn auch die Männer, die Jesus als seine Jünger beruft, keine langen Fragen, sie fordern keine Beweise, keine Sicherheiten, keinen Lohn im voraus. Nein, sie lassen kurz entschlossen ihre Netze fallen oder schließen das Zollhaus zu, denn sie wissen, daß das Gottesreich tausendmal mehr wert ist als ein Fischernetz oder ein Posten im Zollhaus.
Das meint Jesus, wenn er sagt, daß die frohe Botschaft den Weisen verborgen, den Kleinen aber offenbart worden ist.

Manche sehen und sind dennoch blind

Einmal erblickte Jesus im Vorbeigehen einen Mann, der war von Geburt an blind. Die Jünger fragten Jesus: „Meister, sage uns, wer ist schuld daran, daß er blind geboren wurde: er selber oder seine Eltern?" Jesus antwortete ihnen: „Er hat nicht gesündigt und seine Eltern auch nicht. Er ist blind auf die Welt gekommen, damit Gott an ihm seine Stärke zeigen kann."
Hierauf spuckte Jesus in den Lehm zu seinen Füßen, machte aus dem Speichel und dem Lehm einen Teig und strich ihn dem Blinden auf die Augen. Dabei sagte er: „Geh hin und wasche dein Gesicht im Teich Siloam." Und der Blinde ging hin zu dem See, wusch sich und konnte sehen.
Bevor Jesus ihn heilte, hatte er am Weg gesessen und gebettelt. Als die Leute ihn nun daherkommen sahen mit zwei gesunden Augen, da sagten sie zueinander: „Ist das nicht der Mann, der immer am Weg saß und bettelte?" Einige meinten: „Das ist er." Andere wiederum sprachen: „Er sieht ihm nur ähnlich." Er selber aber rief: „Ich bin es!" Da fragten sie ihn: „Wie kommt es denn, daß du plötzlich sehen kannst?" Er antwortete: „Der Mann, der Jesus genannt wird, machte einen Teig aus Lehm und Speichel, strich ihn auf meine Augen und schickte mich an den Teich Siloam. Dort sollte ich mich waschen. Das habe ich getan, und seitdem sehe ich so gut wie ihr." Die Leute fragten ihn: „Wo ist denn dieser Jesus?" Er erwiderte: „Ich weiß es nicht."
Da brachten sie ihn zu den Pharisäern, auch denen erzählte er, wie Jesus ihn gesund gemacht hatte. Es war aber am Sabbat, deshalb sagten einige von den Pharisäern: „Der Mann, der sich Jesus nennt, ist nicht von Gott, denn er achtet den Sabbat nicht."

Andere aber meinten: „Er kann kein Sünder sein, denn Sünder haben nicht die Kraft, Kranke wieder gesund zu machen." Und so kam es unter ihnen zu einem Streit. Am Ende fragten sie den Geheilten selber: „Was sagst denn du von dem Mann, der dir das Augenlicht geschenkt hat?" Er antwortete: „Jesus ist ein Prophet." Da sprachen die Pharisäer zueinander: „Vielleicht war er gar nicht blind, und all dies ist ein Betrug." Einge sagten: „Fragen wir doch seine Eltern." Die kamen und sprachen: „Dieser ist unser Sohn, und er wurde blind geboren. Wer ihn nun geheilt hat, wissen wir nicht. Fragt ihn doch selber. Er ist alt genug, um euch Antwort geben zu können." Das sagten die Eltern, weil sie Angst hatten vor den Pharisäern, denn diese hatten verkündigt: „Wer Jesus als den verheißenen Heiland anerkennt, wird aus der Gemeinde ausgestoßen." Und sie sprachen noch einmal zu dem Blinden: „Denke daran, daß du vor Gott nicht lügen darfst. Sage es geradewegs heraus: Jesus ist ein Sünder." Der Mann, der blind gewesen war, antwortete: „Ob er ein Sünder ist, kann ich nicht sagen. Eines aber weiß ich ganz genau: daß ich blind war und jetzt sehen kann." Da wollten sie noch einmal von ihm hören, wie er geheilt worden war. Er aber wurde unwillig und rief: „Wie oft soll ich es euch denn noch erzählen? Wollt ihr etwa seine Jünger werden?" Da fuhren sie ihn an: „Werde du sein Jünger! Wir sind die Jünger des Moses. Wir wissen, daß Gott mit Moses gesprochen hat. Von Jesus aber wissen wir nicht, woher er kommt." Der Mann antwortete: „Es ist höchst sonderbar, daß ausgerechnet ihr nicht wißt, woher Jesus kommt. Dabei weiß jedes Kind, daß Gott Sünder nicht erhört. Nur wer ihn ehrt und seinen Willen tut, den erhört er. Noch nie hat man gehört, daß ein Blinder sehend wurde. Also muß Jesus von Gott kommen, denn was er an mir getan hat, ist ohne die Hilfe Gottes unmöglich." Da schrien die Pharisäer: „Du bist ganz und gar in Sünden geboren, und du willst uns belehren?" Und sie jagten ihn fort.

Jesus hörte, wie es dem Mann ergangen war, und als er ihn wieder traf, fragte er ihn: „Glaubst du an den Sohn Gottes?" Der Mann antwortete: „Wo ist er?" Jesus sagte: „Ich bin es." Da fiel der Geheilte vor Jesus nieder und sprach: „Ja, ich glaube." Jesus sprach: „Ich bin in die Welt gekommen, damit die Blinden sehen und die, welche gesunde Augen haben, blind werden."

Was Jesus trauriger stimmt als die Blindheit der Augen, ist die Blindheit des Herzens. Die Menschen haben lange Zeit nach dem Heiland gerufen. Jetzt ist der Heiland endlich da, jeden Tag hören sie ihn Gottes Wort verkünden, und dennoch sagen sie: „Dieser ist nicht Gottes Sohn." Deshalb heißt es im Evangelium des heiligen Johannes: „Er kam zu den Seinen, doch die Seinen nahmen ihn nicht auf." Sie haben gesunde Augen, und dennoch sind sie blind, denn sie erkennen nicht, daß das Wort Gottes mitten unter ihnen ist.

Jesus kündigt sein Sterben und seine Auferstehung an

Solange Jesus Wunder wirkte, waren seine Jünger und die Leute im ganzen Land hocherfreut. In den Büchern der Propheten hatten sie gelesen, daß der Heiland kommen werde, um die Menschen von allem Unglück frei zu machen. Daß in denselben Büchern auch geschrieben stand, daß der Heiland leiden und wie ein Straßenräuber sterben müsse, das hatten die Leute nicht gelesen, oder wenn sie es gelesen hatten, dann vergaßen sie es rasch, denn ihr Messias sollte ein Held sein, der immer siegreich war. Einen Heiland am Kreuz wollten sie nicht haben. Jesus weiß das. Deshalb bereitet er seine Jünger langsam auf sein Leiden und Sterben vor. So erzählte er ihnen eines Tages dieses Gleichnis:

Ein Herr pflanzte viele Rebstöcke in einem Weinberg, zog einen Zaun darum, baute eine Kelter, in der er den Wein machen wollte, und einen Turm. Auf dem sollte zur Zeit der Ernte ein Mann stehen und Lärm machen, damit die Vögel nicht die Trauben fraßen. Am Ende verpachtete der Herr den Weinberg an einige Winzer und reiste in fremde Länder. Nach einiger Zeit nun schickte er einen Knecht zu den Winzern, die im Weinberg arbeiteten. Der Knecht sollte Trauben und Wein abholen. Als die Winzer ihn kommen sahen, suchten sie Stöcke und schlugen ihn damit windelweich, und der Knecht mußte mit leeren Händen zu seinem Herrn zurückkehren.

Der Herr schickte einen zweiten Knecht zu den Winzern, doch dem erging es genauso wie dem ersten, und noch viele andere Knechte schickte der Herr, doch alles war vergebens. Die einen wurden totgeschlagen, andere kehrten mit zerbrochenen Gliedern zurück. Da sprach der Herr: „Nun will ich meinen eigenen Sohn in den Weinberg schicken, dem werden sie nichts tun." Als die Winzer davon hörten, sprachen sie zueinander: „Der da kommt, wird einmal diesen Weinberg erben. Wenn wir ihn töten, gehört der Weinberg uns." Und sobald er kam, töteten sie ihn. Jesus fragte die Leute, die ihm zugehört hatten: „Was wird nun der Herr des Weinbergs tun? Er wird kommen, um die Winzer zu bestrafen, und den Weinberg wird er anderen geben."

Jesus sprach nun immer häufiger von seinem Leiden und seinem Tod. Um seinen Jüngern aber zu zeigen, daß Leid und Tod nicht das Ende waren, sondern nur ein Anfang, führte er sie eines Tages auf einen hohen Berg. Mit einemmal leuchteten seine Kleider weißer als der Schnee, und Moses und Elias erschienen, um mit ihm zu sprechen. Den Jüngern wäre es lieb gewesen, sie hätten so mit Jesus auf dem Berg bleiben können. Deshalb sagte Petrus: „Hier ist es schön, hier wollen wir bleiben, und wir werden drei kleine Häuser bauen, für Jesus eins, für Moses eins und für Elias eins." Während Petrus noch sprach, erschien über ihnen eine schwere Wolke. Daraus ertönte eine Stimme, die sprach: „Dieser ist mein geliebter Sohn. Auf ihn sollt ihr hören." Einen Augenblick später war alles wieder wie vorher.

Jesus ist gehorsam gewesen bis in den Tod

Wir dürfen die Jünger Jesu nicht tadeln, wenn sie nicht sofort verstanden, als Jesus ihnen sagte, daß er sterben müsse. Sicher haben die Jünger gedacht: Wie ist es möglich, daß der Sohn Gottes Schmerzen leiden und sterben muß wie ein Mensch? Er hat so viele Kranke geheilt, sich selber aber kann er nicht heilen und vor dem Tod bewahren?

Aber vergessen wir dies nicht: Was Jesus sagte und tat, war für die Jünger alles so neu, so überraschend, daß sie es auf einmal nicht verstehen konnten; und während sie mit ihm durch das Land zogen, hatten sie nicht genügend Zeit, darüber nachzudenken, was Jesus gesagt hatte. Die Jünger wurden müde und hungrig wie wir alle, und sie waren auch so nahe bei Jesus, daß sie dachten: Wozu sollen wir soviel nachdenken? Er ist ja bei uns, und deshalb wird uns nichts fehlen.

Der heilige Paulus hat dagegen Jesus nicht mehr selbst gesehen. Als er die Frohbotschaft verkündigt, liegen das Leben und Sterben Jesu schon mehrere Jahrzehnte zurück. Paulus hat also genügend Abstand von dem, was damals geschah, und wenn man Abstand hat, dann kann man alles besser überschauen, und vieles, was man in der Nähe nicht versteht, das wird einem von fern besehen plötzlich klar.

So macht sich der Apostel Paulus vor allem Gedanken über die Frage: Warum mußte Jesus all die Schmerzen leiden und den Tod am Kreuz erdulden? In seinem Brief an die Philipper ermahnt er die Gläubigen, nicht immer nur auf den eigenen Vorteil bedacht zu sein, sondern das Wohl der anderen im Auge zu haben. Darin ist Jesus unser großes Vorbild. So sagt der Apostel wörtlich: „Ahmt das Beispiel Jesu Christi nach! Da er in Gottesgestalt war, glaubte er nicht, er müsse selbstsüchtig daran festhalten. Er nahm vielmehr Knechtsgestalt an und wurde Mensch. Er erniedrigte sich selbst und nahm gehorsam das Kreuz auf seine Schultern, das Kreuz, an dem er sterben sollte."

Gott hat seinen geliebten Sohn für uns hingegeben. Er hat zugelassen, daß er mit Stöcken geschlagen und wie ein gemeiner Verbrecher ans Kreuz geschlagen wurde. Dadurch hat er gezeigt, wie sehr er die Menschen liebt. Zugleich hat er unserem Leiden einen Sinn gegeben. Das Leben und Sterben Jesu Christi zeigt uns, daß mit dem Tod nicht alles zu Ende ist. Am dritten Tag steht Jesus von den Toten auf. Wir Menschen müssen viel leiden. Krankheiten und Enttäuschungen bleiben niemandem erspart. Aber wie Jesu Leiden nur die Vorbereitung auf die Osterfreude sind, so führen auch unsere Leiden nicht zum ewigen Tod, solange wir Christi Wort befolgen: „Wer mein Jünger sein will, der nehme sein Kreuz auf sich und folge mir nach."

Jesus besiegt den Tod

Einmal war in Bethanien ein Mann mit Namen Lazarus todkrank. Da ließen seine Schwestern dem Gottessohn sagen, wie es mit Lazarus stehe, und Jesus sagte: „Diese Krankheit führt nicht zum Tod, sondern sie ist über den Lazarus gekommen, damit der Gottessohn verherrlicht werde." Nach einiger Zeit fügte er hinzu: „Unser Freund Lazarus schläft. Ich will hingehen, um ihn aufzuwekken." Die Jünger begriffen nicht, daß Jesus vom Tod gesprochen hatte. Deshalb sagte er klar und deutlich: „Lazarus ist tot. Wir wollen zu ihm gehen."
Als sie in Bethanien ankamen, hatte Lazarus schon vier Tage tot im Grab gelegen. Sobald Martha, die Schwester des Lazarus, hörte, daß Jesus gekommen war, eilte sie herbei und rief: „Herr, wärest du hiergewesen, so wäre mein Bruder nicht gestorben. Aber ich weiß, daß Gott dir auch jetzt alles geben wird, worum du ihn bittest." Jesus antwortete ihr: „Dein Bruder wird auferstehen." Martha sagte darauf: „Ich weiß, daß er auferstehen wird am Jüngsten Tag." Jesus sprach zu ihr: „Ich bin die Auferstehung und das Leben. Wer an mich glaubt, wird leben, auch wenn er schon gestorben ist. Glaubst du das?" Und Martha erwiderte: „Ja, ich glaube, daß du der Messias, der Sohn Gottes, bist." Und Martha ging nach Hause und erzählte ihrer Schwester Maria, daß Jesus gekommen war und sie ihn vor dem Dorf getroffen hatte. Sogleich liefen die beiden Schwestern zu Jesus, und viele Leute folgten ihnen. Maria fiel vor Jesus nieder und sprach: „Herr, wärest du hiergewesen, so wäre mein Bruder nicht gestorben."
Als Jesus sah, wie traurig die beiden Schwestern waren, da war auch er gerührt, und er fragte: „Wo habt ihr ihn begraben?" Und als sie hinaus zum Grab gingen, da weinte Jesus, denn er hatte Lazarus sehr geliebt. Sie hatten den Lazarus in eine steinerne Höhle gelegt und darauf einen schweren Stein gewälzt. Jesus sagte: „Hebt den Stein da weg!" Da sprach Martha: „Mein Bruder liegt aber doch schon vier Tage im Grab." Jesus erwiderte: „Habe ich dir nicht gesagt, daß du die Herrlichkeit Gottes schauen wirst, wenn du nur glaubst?" Da hoben sie den Stein weg, Jesus aber richtete seinen Blick nach oben und sprach: „Vater, ich danke dir, daß du mich erhört hast. Ich wußte zwar, daß du mich allezeit erhörst, aber wegen der Leute, die hier stehen, habe ich dir laut gedankt, damit sie glauben, daß du mich gesandt hast."
Hierauf rief er mit lauter Stimme: „Lazarus, komm heraus!" Da kam der Verstorbene heraus. Seine Beine und Arme waren mit Binden umwickelt, und um das Gesicht hatten sie ihm ein Tuch gebunden, wie es damals Brauch war. Jesus sagte: „Wickelt die Binden los, damit er wieder gehen kann." Und Lazarus ging aufrecht davon.

Die eine hartnäckige Frage: Wie groß ist deine Liebe?

Auferstehen heißt eintreten in das ewige Leben. Ewiges Leben haben heißt Gott von Angesicht zu Angesicht schauen dürfen, immer bei ihm sein. Doch dieses ewige Leben wird uns nicht einfach wie eine reife Frucht in den Schoß fallen. Wenn wir sterben, dann wird Jesus Christus vor uns stehen und fragen: „War deine Liebe groß genug?" Dann wird mancher die Augen niederschlagen müssen, und Christus wird zu ihm sagen: „Geh hinweg, ich will dich nicht mehr sehen. Denn ich war hungrig, und du hast mir nichts zu essen gegeben. Ich war durstig, und du hast mir nichts zu trinken gegeben. Ich habe als Flüchtling an deine Tür geklopft, und du hast mir nicht aufgemacht. Ich war nackt, und du hast mir nichts zum Anziehen gebracht, ich war im Krankenhaus und im Gefängnis, und du hast mich nicht besucht."
Der solches hören muß, wird dann verwundert fragen: „Herr, wann habe ich dich denn jemals hungrig oder durstig oder nackt und krank gesehen? Hätte ich dich Not leiden sehen, so hätte ich dir schon geholfen." Darauf Jesus Christus: „Wenn du irgendeinem, der in Not war, nicht geholfen hast, dann hast du auch mir nicht geholfen, denn was einer dem Geringsten tut, das hat er mir getan." Wer den Notleidenden Liebe erwiesen hat, der wird das ewige Leben haben, die Hartherzigen aber werden Gott nicht schauen.

Jesus sagt es den Jüngern und allen, die ihm zuhören, ganz deutlich: Wenn er, Jesus Christus, einmal nicht mehr als Mensch auf dieser Erde ist, dann darf niemand sagen: „Jetzt ist er nicht mehr da, dann brauchen wir auch nicht mehr an die Tür zu gehen, um ihm aufzumachen und ihn zum Essen einzuladen." Christus ist immer unter uns. Er begegnet uns in jedem Menschen, vor allem aber in denen, die Hunger und Durst haben, die frieren, weil sie nichts anzuziehen haben, die krank sind und mutterseelenallein im Krankenzimmer liegen, die im Gefängnis sitzen müssen, und in vielen anderen mehr, die traurig sind in ihrem Herzen. Wenn wir einen solchen Menschen treffen, dann haben wir Jesus Christus vor uns, und wenn wir diesem Ärmsten Gutes tun, dann tun wir Jesu Willen. Sagt nun nicht immer: „Die Armen sind an ihrem Unglück selber schuld, also brauchen wir ihnen auch nicht zu helfen." Und redet auch nicht so: „Andere, die mehr Geld und Macht haben als wir selber, sollen sich um die Habenichtse kümmern!" Wenn einer in Not war, hat Jesus auch nicht gefragt: „Bist du etwa an deiner Armut oder deiner Krankheit selber schuld? Hast du keinen in der Verwandtschaft, der dir helfen könnte?" Nein, Jesus stellt keine Fragen dieser Art. Er hilft, wo Not ist, denn er weiß: Wer Fürchterliches leidet, hat keine Kraft, gute Gedanken zu haben.

Der Herr der Welt reitet auf einem Esel in seine Stadt

Als Jesus den Lazarus wieder lebendig gemacht hatte, da glaubten viele Juden, daß er wirklich der Sohn Gottes war. Andere aber gingen zu den Pharisäern und erzählten ihnen, was geschehen war. Da setzten sich die Pharisäer und Hohenpriester an einen Tisch und sagten: „Was sollen wir tun, wenn dieser Mensch so viele Zeichen wirkt? Wenn wir ihn gewähren lassen, dann werden schließlich alle an ihn glauben, und wir selber haben keinen Einfluß mehr." Da sprach Kaiphas, der in diesem Jahr der höchste Priester war: „Es kann noch schlimmer kommen. Die Römer werden alle Macht allein ausüben wollen, wenn sie von der Unruhe in unserem Land hören. Deshalb meine ich, es ist besser, daß ein einziger Mensch für das Volk stirbt, als daß das ganze Volk zugrunde geht." Er dachte, sie könnten ihre Macht behaupten, wenn sie Jesus töteten. Er ahnte aber nicht, daß seine Worte noch einen anderen, tieferen Sinn hatten: daß der Erlöser Jesus Christus für die ganze Menschheit sterben wollte, um ihr das Leben zu erhalten, das heißt: die Gnade Gottes.
Von diesem Tag an waren die Pharisäer und Hohenpriester entschlossen, Jesus zu fangen und so schnell wie möglich hinzurichten. Jesus ging nun auch nicht mehr öffentlich in die Städte und Dörfer, sondern er hielt sich mit seinen Jüngern nahe der Wüste auf. Hier wollte er sich in Gebet und Fasten auf sein Leiden und Sterben vorbereiten. Das Osterfest war nahe, und viele zogen nach Jerusalem hinauf zur Osterfeier. Auch Jesus und seine Jünger kamen in die Stadt. Die Feinde Jesu sprachen zueinander: „Wenn einer von euch Jesus sieht, dann gebe er uns sofort Bescheid, damit wir ihn gefangennehmen können."
Als Jesus mit seinen Jüngern an den Ölberg kam, sagte er zu zweien von ihnen: „In dem Dorf, das vor euch liegt, werdet ihr eine Eselin angebunden finden. Bindet sie los und bringt sie mir. Wenn einer euch daran hindern will, dann sagt, der Herr brauche das Tier, und man wird euch ziehen lassen." Bald brachten die Jünger die Eselin und legten ihre Kleider auf den Rücken des Tieres. Dann setzte Jesus sich darauf und ritt in Jerusalem ein. Viele Leute breiteten ihre Mäntel auf dem Weg aus, andere schnitten Zweige von den Bäumen und streuten sie auf die Erde, und die Menge, die sich um Jesus drängte, rief mit lauter Stimme: „Hosanna dem Sohn Davids! Hochgelobt sei, der da kommt im Namen des Herrn. Hosanna in der Höhe!"
Die Leute, die noch in den Häusern waren, hörten den Gesang und kamen auf die Straße gelaufen. Sie fragten: „Wer ist denn dieser Mann?" Die um Jesus herum waren, antworteten ihnen: „Das ist Jesus, der Prophet aus Nazareth in Galiläa."

Jesus Christus, der Herr der Welt, zieht nicht wie ein Kriegsheld in Jerusalem ein. Er reitet nicht auf einem prächtigen Pferd, und er hat auch keine Garde um sich. Er reitet einfach auf einem Esel, denn er will der Diener, nicht der Beherrscher der Menschen sein. Die Leute spüren das und feiern ihn wegen seiner Einfachheit wie einen König.

Die eingeladen sind, wollen nicht zur Hochzeit kommen

Als Jesus nun in den Tempel kam, sah er überall Händler herumsitzen, die wollten Ochsen, Schafe und Tauben verkaufen, und unter ihnen waren auch Geldwechsler. Da machte sich Jesus aus Stricken eine Geißel und trieb sie alle zum Tempel hinaus, die Händler mitsamt ihren Tieren und die Geldwechsler hinterher; und er warf die Tische um, an denen sie gesessen hatten, und schüttete ihr Geld auf den Boden. Dabei sagte er: „Schafft dies alles hier aus dem Tempel und macht das Haus meines Vaters nicht zu einem Kaufhaus!"

Die Pharisäer und Schriftgelehrten aber sagten zu Jesus: „Wer gibt dir das Recht, so mit uns zu verfahren? Wirke ein Zeichen, damit wir sehen, daß du das tun darfst." Jesus antwortete ihnen: „Brecht diesen Tempel ab, und ich werde ihn in drei Tagen wieder aufbauen." Da schüttelten die Pharisäer den Kopf und sprachen: „Sechsundvierzig Jahre lang hat man an diesem Tempel gebaut, und du willst ihn in drei Tagen bauen?"

Jesus meint natürlich nicht den Tempel in Jerusalem, sondern er spricht von seiner Auferstehung. Die drei Tage sind die Zeit, die er tot im Grab liegt. Der Wiederaufbau des geheimnisvollen Tempels ist die Auferstehung am Ostermorgen. Für all das haben die Pharisäer kein Verständnis. Sie wissen höchstens, wie lange man an dem großen Tempel von Jerusalem gebaut hat. Sie kennen die Preise für Ochsen und Schafe ganz genau, und Jesus ist für sie ein Unruhestifter, der ihre Macht im Land gefährdet. Die Handwerker und Bauern sehen in Jesus vor allem den Mann, welcher die römischen Besatzungssoldaten aus Palästina vertreiben und einen neuen, unabhängigen Staat Israel errichten könnte. Oder aber Jesus ist für sie ein Wundertäter, der ihnen zu essen und zu trinken gibt und ihnen auch sonst das Leben erleichtert. Sie suchen alle ihren eigenen Vorteil.

Dies bedrückt Jesus mehr als der nahe Tod am Kreuz. Er ist das Wort Gottes, welches Mensch geworden ist, aber das Wort Gottes wollen die meisten nicht hören. So können wir gut verstehen, daß Jesus weint, als er die Stadt Jerusalem zu seinen Füßen liegen sieht. Vom Berg herab klagt er: „Jerusalem, Jerusalem, wenn du doch endlich erkennen wolltest, was dir zum Frieden dient! Du aber bist blind. Du mordest die Propheten und wirfst mit Steinen auf die, welche zu dir gesandt sind, um dir die Wahrheit zu verkünden. Wie oft wollte ich deine Kinder sammeln, wie eine Henne ihre Küken unter ihren Flügeln sammelt, du aber hast nicht gewollt." Im Geist sieht er, wie Feinde kommen und Jerusalem zerstören, weil es nicht erkannt hat, daß Gott in diese Welt gekommen ist, um die Menschheit zu erlösen.

Gott kommt als Mensch zu uns auf die Erde und bietet uns seine Gnade und seine Liebe an. Er lädt uns wie zu einem Gastmahl ein. Aber viele haben keine Zeit, der Einladung zu folgen. Sie glauben, sie hätten Wichtigeres zu tun. Diese Menschen meint Jesus, wenn er folgendes Gleichnis erzählt.

Das Himmelreich ist einem König gleich, der für die Hochzeitsfeier seines Sohnes alles vorbereitet hatte. Er sandte seine Knechte aus, die sollten die Geladenen zum Hochzeitsmahl bitten, doch die wollten nicht kommen. Wieder schickte er Knechte aus, die sollten die Geladenen noch einmal bitten, aber die sagten, sie hätten keine Zeit, sie müßten pflügen und Handel treiben. Einige von ihnen ergriffen die Boten des Königs, schlugen sie oder brachten sie gar um. Da wurde der König zornig und schickte Soldaten aus. Die töteten die Mörder und brannten ihre Häuser nieder.

Hierauf sprach der König zu seinen Knechten: „Das Gastmahl ist bereitet, doch die Geladenen waren nicht wert, mit uns zu speisen. Geht daher auf die Straßen und Plätze und ladet zur Hochzeit ein, wen immer ihr findet." Und die Knechte brachten von überall her die Menschen zusammen, Gute und Böse, und bald war der Hochzeitssaal voll von Gästen.

Diejenigen, die Gott als erste einlädt, mit seinem Sohn, dem menschgewordenen Wort, zusammenzusein, achten nicht auf ihn. So nehmen viele Juden den Heiland nicht bei sich auf, obwohl ihre Großväter und Väter nach ihm gerufen haben.

Tut dies zu meinem Gedächtnis

Als nun der Tag kam, an dem die Juden das Osterlamm schlachten sollten, sprach Jesus zu Petrus und Johannes: „Geht und bereitet für uns das Ostermahl." Sie fragten ihn: „Wo sollen wir es essen?" Er erwiderte ihnen: „Sobald ihr in die Stadt hineinkommt, wird euch ein Mann begegnen, der trägt einen Wasserkrug. Geht ihm nach und in das Haus hinein, in das auch er hineingeht. Dann fragt nach dem Herrn des Hauses und sagt zu ihm: Der Meister läßt fragen, wo der Raum sei, in dem er mit seinen Jüngern das Ostermahl essen kann. Er wird euch dann einen kleinen Saal im oberen Stockwerk zeigen, da sind die Stühle gepolstert. In diesem Saal macht alles fertig." Und sie gingen in die Stadt, fanden das Haus und bereiteten das Ostermahl.
Als die Stunde des Mahles gekommen war, ging Jesus mit seinen Jüngern in das Haus, und sie setzten sich an den Tisch. Da sprach Jesus zu ihnen: „Ich habe sehnsüchtig danach verlangt, mit euch das Ostermahl zu essen, bevor ich leide. Denn ich sage euch: Ich werde es nun nicht mehr essen, bis das Gottesreich kommt." Und er nahm einen Kelch, sprach das Dankgebet und sagte: „Teilt ihn unter euch, denn ich sage euch: Ich werde ihn nicht mehr mit euch trinken, bis das Reich Gottes da ist." Hierauf nahm er das Brot, dankte Gott, brach es und gab es seinen Jüngern mit den Worten: „Das ist mein Leib, der für euch hingegeben wird. Tut dies zu meinem Gedächtnis." Dann nahm er den Kelch und sprach: „Dieser Kelch ist der neue Bund in meinem Blut, das für euch vergossen wird."

Dann fuhr Jesus fort: „Die Hand dessen, der mich verraten wird, ist mit meinen Händen auf dem Tisch. Der Menschensohn geht zwar hin zu sterben, wie es bestimmt ist, doch wehe dem Menschen, welcher ihn verrät." Da erhob sich unter den Jüngern ein Streit, und sie fragten: „Wer von uns könnte so etwas tun?"

Inzwischen war Judas Iskariot, einer der Jünger, zu den Hohenpriestern und den Offizieren gegangen, um mit ihnen zu beraten, wie sie Jesus am besten fangen könnten. Die waren sehr froh, daß Judas Iskariot ihnen dabei helfen wollte, und sie versprachen ihm Geld für seine Hilfe.

Nach dem Mahl sagte Jesus zu seinen Jüngern: „Ihr seid bis zuletzt bei mir geblieben, und so sollt ihr das Reich bekommen, das der Vater mir gegeben hat. Ihr sollt in meinem Reich zusammen mit mir an einem Tisch essen und trinken, und ihr werdet auf prächtigen Stühlen sitzen, um die zwölf Stämme Israels zu richten."

Hierauf wandte er sich an Simon Petrus und sprach zu ihm: „Der Satan will euch wie Weizen sieben. Ich aber habe für dich gebetet, damit dein Glaube nicht ins Wanken kommt. Denn du sollst später deinen Brüdern Kraft geben in der Stunde der Schwachheit." Simon Petrus erwiderte: „Herr, ich bin bereit, mit dir ins Gefängnis oder gar in den Tod zu gehen." Jesus antwortete: „Bevor der Hahn kräht, wirst du dreimal geschworen haben, du kenntest mich nicht."

Jesus ist der Weg, der sicher zum Vater führt

Noch einmal sprach Jesus zu seinen Jüngern: „Kinder, noch eine kleine Weile bin ich bei euch, und ihr werdet nach mir suchen. Aber wo ich hingehe, dahin könnt ihr mir nicht folgen. Ich gebe euch, bevor ich gehe, ein neues Gebot, das lautet: Liebet einander! So wie ich euch geliebt habe, so sollt ihr einander lieben. An eurer Liebe soll die Welt erkennen, daß ihr meine Jünger seid."
Jesus weiß, daß seine Jünger bestürzt dastehen werden, wenn die Soldaten kommen, um ihn festzunehmen. Deshalb stärkt er ihren Glauben und macht ihnen Mut: „Ihr sollt nicht erschrecken! Ihr glaubt an Gott, glaubt auch an mich! Im Haus meines Vaters sind viele Wohnungen, und ich gehe hin, euch darin einen Platz zu bereiten. Und wenn ich einen Platz für euch bereitet habe, dann werde ich wiederkommen und euch zu mir holen, damit ihr auch da seid, wo ich bin. Und ihr kennt ja den Weg zu dem Ort, wohin ich gehe." Da sagte Thomas: „Herr, wir wissen nicht, wohin du gehst, und wir kennen auch nicht den Weg dorthin." Da erwiderte Jesus: „Ich bin der Weg, die Wahrheit und das Leben. Niemand kommt zum Vater, es sei denn durch mich. Hättet ihr mich erkannt, würdet ihr auch meinen Vater kennen. Jetzt kennt ihr ihn durch mich." Da sprach Philippus: „Herr, zeige uns den Vater, und wir wollen ruhig sein." Da antwortete ihm Jesus: „Nun bin ich schon so lange mitten unter euch, und du hast mich noch nicht erkannt. Wer mich gesehen hat, der hat auch den Vater gesehen."

Die Jünger haben nicht verstanden, daß Jesus in seinem Vater ist und der Vater wiederum in ihm. Die Worte, die Jesus sagt, redet er nicht aus sich selber. Der Vater wohnt in Jesus, und in Jesus ist er selbst am Werke.
Noch einmal kommt Jesus auf das erste und höchste Gebot zurück: die Liebe. So beschwört er die Jünger, und diese Worte sind an jeden Christen gerichtet: „Wenn ihr mich liebt, werdet ihr meine Gebote halten, und ich werde den Vater bitten, er soll euch einen anderen Helfer geben, der immer bei euch bleibt. Dieser Helfer ist der Geist der Wahrheit. Er wird euch alles lehren und euch an alles erinnern, was ich euch gesagt habe. Ich gebe euch meinen Frieden, und was ich euch gebe, ist nicht gebrechlich wie die Gaben der Menschen."
Außer den Jüngern standen noch andere um ihn herum. Diesen trug er folgendes Gleichnis vor: Ein Mann hatte zwei Söhne. Er ging zu dem ersten und sprach: „Geh heute in den Weinberg und arbeite darin." Der Sohn antwortete: „Ja, ich gehe." Aber er ging nicht. Da sprach der Mann zu seinem zweiten Sohn: „Geh, arbeite im Weinberg." Der Sohn erwiderte ihm: „Ich will nicht gehen." Später jedoch bereute er diese Antwort und ging in den Weinberg.
Jesus fragte die Leute: „Welcher von beiden hat den Willen des Vaters getan?" Da antworteten sie: „Der zweite Sohn." Jesus sprach zu ihnen: „Viele von euch sind wie der erste Sohn. Gott ist zuerst zu euch gekommen, aber ihr habt nicht auf ihn gehört. Die ihr für schlecht haltet, vor allem die Zöllner, die haben auf sein Wort gehört."

Jesus wird gefangengenommen

Von diesem Augenblick an spricht Jesus nicht mehr viel. Er zieht sich zurück und leidet für uns schweigend in der Einsamkeit. Er gibt das Höchste dahin, was einer geben kann: sein Leben. Und indem er sich selber hingibt, zeigt er, wie groß die Liebe Gottes zu den Menschen ist. Jesus ist Gottes Sohn, und er ist allmächtig, aber er ruft keine Engelheere zu seinem Schutz herbei. Aus Liebe zu uns geht er auch den fürchterlichsten Leiden nicht aus dem Weg.
Jesus ging mit seinen Jüngern an den Ölberg. Dort sagte er zu ihnen: „Betet, damit ihr nicht in Versuchung fallet!“ Dann ging er einen Steinwurf weit weg, kniete nieder und betete: „Vater, wenn es dein Wille ist, laß diesen Leidenskelch an mir vorübergehen. Doch nicht mein Wille soll geschehen, sondern der deine.“ Da stand ein Bote Gottes neben ihm und stärkte ihn. Als Angst ihn schüttelte, betete er noch eindringlicher, und sein Schweiß rann rot wie Blut zur Erde.
Als er nun zu seinen Jüngern zurückkehrte, sah er, daß sie schliefen, und er weckte sie auf und sprach: „Wachet und betet, damit ihr nicht in Versuchung fallet.“ In diesem Augenblick kam eine Schar den Berg heraufgezogen, an ihrer Spitze Judas Iskariot. Der kam näher, um Jesus zu küssen. Dieser sprach zu ihm: „Judas, mit einem Kuß verrätst du den Menschensohn?“ Als die anderen Jünger die Soldaten sahen, fragten sie Jesus: „Herr, sollen wir mit dem Schwert dreinschlagen?“ Und einer schlug dem Knecht des Hohenpriesters ein Ohr ab. Jesus aber sagte: „Steckt die Schwerter in die Scheide!“ und setzte dem Knecht das Ohr wieder an. Zu den Hohenpriestern und Offizieren sprach er: „Ihr kommt daher, als wolltet ihr einen Räuber fangen. Jeden Tag war ich im Tempel, und ihr habt mich nicht angerührt. Jetzt aber ist eure Stunde gekommen und die Macht der Finsternis.“
Sie brachten ihn in das Haus des Hohenpriesters. Petrus folgte dem Zug von ferne. Da es kalt war, setzte er sich an ein Feuer, das in der Mitte des Hofes brannte. Eine Dienstmagd trat heran, schaute dem Petrus prüfend ins Gesicht und sagte: „Das ist auch einer von Jesu Leuten.“ Der aber sprach: „Du irrst dich. Ich kenne Jesus nicht.“ Kurz darauf sah ihn ein anderer und sagte: „Du bist einer von den Anhängern Jesu.“ Doch Petrus erwiderte: „Ich bin es nicht.“ Nach einer Stunde etwa behauptete noch ein Mann: „Er war bei Jesus, beide sind Galiläer.“ Petrus schüttelte den Kopf und sagte: „Mann, ich weiß nicht, wovon du sprichst.“ Während er dies sagte, krähte der Hahn. Da wandte sich Jesus nach ihm um, und Petrus erinnerte sich an das Wort des Herrn: „Bevor der Hahn kräht, wirst du dreimal geschworen haben, du kenntest mich nicht.“
Und Petrus ging hinaus und weinte bitterlich.

Pilatus sagt: Dieser Mann ist unschuldig

Die Hohenpriester und der ganze Hohe Rat suchten nun Zeugen gegen Jesus, denn ohne Aussagen von Zeugen konnten sie ihn nicht zum Tode verurteilen. Es traten Zeugen auf, doch ihre Aussagen waren voller Widersprüche. Wieder andere logen und verdrehten die Worte, die Jesus gesprochen hatte. Da trat der Hohepriester vor Jesus und sagte: „Warum antwortest du nicht auf das, was diese Zeugen gegen dich vorbringen?" Jesus schwieg. Der Hohepriester fragte ihn: „Bist du der Heiland, der Sohn des Hochgelobten?" Jesus erwiderte: „Ich bin es. Ihr aber werdet den Menschensohn sehen, wie er zur Rechten des Vaters sitzt und auf den Wolken des Himmels kommt." Da zerriß der Hohepriester seine Kleider und rief: „Habt ihr das gehört? Was brauchen wir noch Zeugen?" Und alle meinten, Jesus sei des Todes schuldig, weil er Gott gelästert habe. Einige fingen an, ihm ins Gesicht zu spucken und ihn zu schlagen, andere sagten höhnisch zu ihm: „Weissage!" Und die Knechte packten ihn und schlugen ihn noch mehr. Schließlich brachten sie ihn in die Burg des Vertreters der römischen Besatzungsmacht. Der hieß Pilatus. Dieser fragte die Männer, welche Jesus zu ihm gebracht hatten: „Was habt ihr gegen diesen Menschen vorzubringen?" Sie antworteten ihm: „Wenn er nicht ein Verbrecher wäre, hätten wir ihn nicht hierhergebracht." Pilatus sagte: „Nehmt ihn und richtet ihn nach eurem eigenen Gesetz." Sie antworteten ihm: „Du weißt ganz genau, daß wir ohne deine Erlaubnis niemanden hinrichten dürfen."

Da fragte Pilatus den Gefangenen: „Bist du der König der Juden?" Jesus erwiderte: „Sagst du das aus dir selbst, oder haben es dir andere gesagt?" Pilatus antwortete: „Bin ich denn ein Jude? Dein Volk und die Hohenpriester haben dich mir übergeben. Sage mir, was hast du getan?" Jesus gab ihm zur Antwort: „Mein Königreich ist nicht von dieser Welt. Wäre es nämlich von dieser Welt, dann hätten meine Soldaten es verhindert, daß ich dem Hohen Rat ausgeliefert wurde." Da sagte Pilatus: „Du bist also ein König?" Jesus antwortete ihm: „Ja, ich bin ein König. Ich bin dazu in die Welt gekommen, um für die Wahrheit Zeugnis abzulegen. Jeder, der aus der Wahrheit ist, hört auf meine Stimme." Pilatus sagte: „Was ist Wahrheit?"
Hierauf ging er wieder hinaus und sagte zu den Juden: „Ich finde keine Schuld an ihm. Nun ist es aber Brauch, daß ich euch zum Osterfest einen Angeklagten freigebe. Soll ich euch nun euren König freigeben?" Da schrie die Menge: „Nicht den! Gib uns lieber den Barrabas heraus!" Barrabas aber war ein Räuber. Da befahl Pilatus, sie sollten Jesus geißeln. Die Soldaten flochten einen Kranz aus Dornen und setzten ihn auf sein Haupt. Andere legten ihm einen roten Mantel um die Schultern und spotteten: „Sei gegrüßt, König der Juden." Und sie schlugen ihn ins Gesicht. Pilatus sagte: „Ich glaube, er ist unschuldig. Tut mit ihm, was ihr wollt. Doch zum Zeichen, daß ich keine Schuld an seinem Tod habe, wasche ich mir jetzt die Hände."

Es ist vollbracht

Dann übergab er ihnen Jesus zur Kreuzigung. Sie luden ihm ein schweres Holzkreuz auf die Schultern, das mußte er durch die Straßen Jerusalems und weiter hinauf zu einem Platz tragen, der Golgotha hieß, das ist: Schädelstätte. Hier wurden die Verbrecher hingerichtet. Die Soldaten rammten das Kreuz in die Erde, nachdem sie Jesus daran festgenagelt hatten. Mit ihm kreuzigten sie noch zwei Straßenräuber, Jesus aber hing in der Mitte. Pilatus hatte eine Aufschrift an dem Kreuz anbringen lassen, darauf standen die Worte: „Jesus von Nazareth, König der Juden." Das gefiel den Hohenpriestern nicht, und sie gingen zu Pilatus und sagten: „Schreibe nicht: König der Juden, sondern: Er hat gesagt: Ich bin der König der Juden." Pilatus antwortete: „Was ich geschrieben habe, bleibt geschrieben."
Bei dem Kreuz standen die Mutter Jesu, deren Schwester Maria und Maria Magdalena. Als Jesus nun an ihrer Seite den Johannes erblickte, den er so sehr liebte, sprach er zu seiner Mutter: „Frau, siehe, dieser ist nun dein Sohn." Und zu dem Jünger sagte er: „Diese ist nun deine Mutter." Von dieser Stunde an nahm der Jünger die Mutter Jesu zu sich.
Hierauf sagte Jesus: „Ich habe Durst." Nun stand in der Nähe ein Gefäß mit Essig. Da hinein tauchten die Knechte einen Schwamm und hielten ihn Jesus vor den Mund. Als er den Essig genommen hatte, sprach er: „Es ist vollbracht", neigte sein Haupt und starb.
Da nun die Leichen nicht über den Sabbat am Kreuz hängen sollten, baten die Juden den Pilatus, er möge den Gekreuzigten die Beine zerschlagen und die Leichname fortschaffen lassen. So kamen die Soldaten und zerschlugen den beiden Straßenräubern die Beine. Als sie aber zu Jesus kamen und sahen, daß er schon tot war, zerschlugen sie ihm die Beine nicht, sondern einer der Soldaten stach mit seiner Lanze in seine Seite, und sogleich kam Blut und Wasser hervor.
Unter denen, die Jesus liebten, dies aber aus Furcht vor den Pharisäern nicht öffentlich zeigten, war ein Mann mit Namen Joseph. Er stammte aus Arimathäa. Der ging zu Pilatus und fragte ihn: „Darf ich den toten Jesus vom Kreuz abnehmen und begraben?" Pilatus erlaubte es ihm, und so nahmen sie Jesus vom Kreuz, wickelten ihn nach der Sitte des Landes in Tücher und legten ihn nahe dem Kreuzigungsort in ein Grab, in das noch niemand gelegt worden war.

Jesus ist von den Toten auferstanden

Am Ostermorgen gingen die Frauen, die unter dem Kreuz gestanden hatten, in aller Frühe zu dem Grab hinaus. Da entstand mit einemmal ein schweres Erdbeben, und ein Bote Gottes wälzte den Stein vom Grab hinweg und setzte sich darauf. Die Frauen meinten, sie sähen einen Blitz, und das Gewand des Boten war weiß wie Schnee. Die Soldaten, welche bei dem Grab Wache gehalten hatten, lagen wie betäubt am Boden. Der Bote sprach zu den Frauen: „Fürchtet euch nicht. Ich weiß, ihr seid gekommen, um nach Jesus, dem Gekreuzigten, zu schauen. Er ist nicht mehr hier. Er ist auferstanden, wie er selber es vorausgesagt hat. Kommt und seht den Platz, wo er gelegen hat. Lauft und berichtet seinen Jüngern, daß er von den Toten aufgestanden ist. Er geht euch voran nach Galiläa. Dort werdet ihr ihn sehen." Da liefen die Frauen voller Furcht, aber zugleich auch voller Freude in die Stadt zurück, um seinen Jüngern zu melden, was geschehen war.
Hierauf eilten Petrus und Johannes vor die Stadt, um in das Grab zu schauen. Das letzte Stück liefen sie, so schnell sie konnten. Johannes war als erster am Grab. Er beugte sich hinein und sah die Leinenbinden auf dem Boden liegen. Inzwischen war auch Petrus angekommen. Er ging sofort in das Grab hinein und stellte fest, daß das Schweißtuch, welches sie Jesus um den Kopf gewickelt hatten, nicht bei den Leinenbinden lag. Sie fanden es säuberlich zusammengefaltet an einer anderen Stelle. Noch immer konnten sie es nicht fassen, denn sie hatten das Wort der Schrift noch nicht ganz begriffen, das da sagt, daß Jesus Christus nach drei Tagen glorreich von den Toten auferstehen werde. Schließlich ging auch Johannes in das Grab hinein, sah klar und deutlich, daß es leer war, und glaubte, daß Jesus wieder lebendig war. Dann kehrten die beiden Jünger wieder heim.

Welche Bedeutung die Auferstehung Jesu für unseren Glauben hat, erklärt der heilige Paulus in seinem ersten Brief an die Korinther. In Korinth hatten einige behauptet, es gebe keine Auferstehung der Toten. Paulus sagt dazu: „Wenn es keine Auferstehung der Toten gibt, dann ist auch Christus nicht auferstanden. Ist aber Christus nicht aus dem Grab gestiegen, dann ist unsere Predigt vergeblich, und vergeblich ist euer ganzer Glaube. Wurde er nicht auferweckt, dann seid ihr noch in euren Sünden, und dann sind auch die, welche in Christus entschlafen sind, verloren. Wäre Christus nicht auferstanden, der ja unsere ganze Hoffnung ist, dann wären wir ärmer als alle Menschen. Nun ist Christus aber von den Toten auferweckt worden, und weil er auferstanden ist, haben wir alle das Leben.“

Jesus erscheint der Maria Magdalena

Die Auferstehung Jesu Christi bedeutet nicht so sehr seine Rückkehr in das irdische Leben: Jesus will nicht mehr predigend und Wunder wirkend durch die Dörfer ziehen. Deshalb zeigt er sich nach seiner Auferstehung unauffällig nur noch denen, die ihn kennen und an ihn glauben. Im Evangelium des heiligen Johannes lesen wir noch folgende Begebenheit am Ostermorgen: Maria Magdalena hatte sich weinend in das Grab gebeugt und darin zwei Boten Gottes sitzen sehen. Die sprachen zu ihr: „Frau, warum weinst du?" Sie antwortete: „Weil sie meinen Herrn fortgetragen haben, und ich weiß nicht, wohin." Während sie dies sagte, drehte sie sich um und erblickte einen Mann, der fragte sie: „Frau, was weinst du? Wen suchst du?" Maria Magdalena glaubte, sie spräche mit dem Gärtner, deshalb fuhr sie fort: „Wenn du ihn weggetragen hast, dann sage mir, wo ich ihn finden kann." Der Mann sprach zu ihr: „Maria!" Da erkannte sie, daß es Jesus war, und sie sagte: „Mein Herr!" Jesus sprach zu ihr: „Fasse mich nicht an, denn noch bin ich nicht hinaufgefahren zu meinem Vater und eurem Vater, zu meinem Gott und eurem Gott. Geh und sage meinen Brüdern, daß ich zum Vater gehen werde." Schnell lief Maria Magdalena in die Stadt und berichtete den Jüngern, daß sie den Herrn gesehen habe und daß er auffahren werde zum Vater.

Zwei Jünger gehen enttäuscht nach Emmaus

Am selben Tag waren zwei von Jesu Jüngern auf dem Weg nach Emmaus, einem Dorf in der Nähe von Jerusalem. Sie sprachen über das, was in den letzten Tagen mit Jesus geschehen war. Plötzlich war Jesus an ihrer Seite, aber sie erkannten ihn nicht. Jesus fragte sie: „Wovon sprecht ihr?" Die Jünger erwiderten: „Bist du denn der einzige in Jerusalem, der nicht weiß, was sich dort zugetragen hat?" Jesus fragte: „Was denn?" Die Jünger antworteten: „Da war ein Prophet mit Namen Jesus, der kam aus Nazareth, und er hat viel Wunderbares gesprochen und getan. Diesen Jesus nun haben unsere Hohenpriester und Ratsherren gefangengenommen und ans Kreuz geschlagen. Wir hatten gehofft, er würde Israel befreien. Doch seit der Kreuzigung sind nun schon drei Tage vergangen. Einige Frauen, die in der Frühe an Jesu Grab waren, kamen zwar ganz aufgeregt zurück und sagten, sie hätten seinen Leichnam nicht gefunden, ein Bote Gottes aber habe ihnen versichert, Jesus lebe. Ein paar Jünger liefen darauf zum Grab und fanden es gleichfalls leer. Jesus selbst haben sie nicht gesehen."
Da sagte Jesus zu ihnen: „Was seid ihr doch schwerfällig in euren Herzen! Mußte Jesus denn nicht all das leiden, damit er von den Toten auferstehen konnte?" Und er erinnerte sie an alle die Voraussagen, die in den Büchern der Propheten stehen. Als sie sich Emmaus näherten, sprachen die Jünger zu Jesus: „Bleibe bei uns, denn es wird schon dunkel." Da ging er mit ihnen, um zu Abend zu essen. Er nahm das Brot, segnete es, brach es und gab es ihnen. In diesem Augenblick erkannten sie ihn, aber schon war er aus ihrer Mitte verschwunden.
Einer sagte zum anderen: „Brannte nicht unser Herz, als er uns auf dem Weg die Schrift erklärte?" Sofort kehrten sie nach Jerusalem zurück. Dort kamen ihnen die anderen Jünger schon mit der Nachricht entgegengelaufen: „Der Herr ist wirklich auferstanden und dem Petrus erschienen." Da erzählten auch die beiden, was sich auf dem Weg nach Emmaus zugetragen hatte, und sie sagten: „Am Brotbrechen haben wir ihn erkannt."

Warten auf den Heiligen Geist

Vierzig Tage hindurch erschien Jesus seinen Jüngern und sprach ihnen von dem wahren Gottesreich. Er sagte zu ihnen: „Geht nicht weit weg von Jerusalem, sondern wartet auf die Verheißung des Vaters, die ich euch vorausgesagt habe. Johannes hat am Jordan mit Wasser getauft, ihr aber werdet in wenigen Tagen mit dem Heiligen Geist getauft werden." Da fragten ihn die Jünger: „Herr, willst du dann das Königtum in Israel wieder aufrichten?" Jesus erwiderte ihnen: „Es steht euch nicht zu, den Tag und die Stunde zu wissen, die der allmächtige Vater festgesetzt hat. Aber der Heilige Geist wird auf euch herabkommen und euch Kraft geben, und ihr werdet meine Zeugen sein, nicht nur in Palästina, sondern in der ganzen Welt."

Nach diesen Worten wurde Jesus emporgehoben, und eine Wolke hüllte ihn ein. Während die Jünger ihm noch nachblickten, standen plötzlich zwei Männer in weißen Gewändern an ihrer Seite und sprachen: „Ihr Männer von Galiläa, was steht ihr da und schaut zum Himmel? So wie Jesus zum Vater zurückgekehrt ist, wird er wiederkommen." Hierauf gingen die Jünger nach Jerusalem zurück und blieben in dem kleinen Saal, in dem sie sich während der letzten Tage aufgehalten hatten. Zusammen mit der Mutter Jesu erwarteten sie in gemeinsamem Gebet die Herabkunft des Heiligen Geistes.

Am Pfingstfest, als sie wieder in dem kleinen Saal zusammen waren, da hörten sie plötzlich ein Brausen wie von einem gewaltigen Sturm, und sie erkannten über sich Zungen wie von Feuer, und auf einen jeden von ihnen senkte sich eine feurige Zunge herab. Da wurden sie plötzlich vom Heiligen Geist erfüllt, und sie liefen auf die Straße hinaus und verkündigten die Wundertaten Gottes. Zu dieser Zeit hielten sich viele fromme Menschen aus fernen Ländern in Jerusalem auf: Araber, Ägypter, Römer, Syrer und viele andere mehr. Sie alle verstanden, was die Jünger von Jesus Christus berichteten. Einige waren erstaunt und fragten: „Was sind die Jünger Jesu plötzlich so mutig geworden?“ Andere spotteten und sagten: „Vielleicht haben sie zuviel getrunken.“
Da trat Petrus vor die Menge und sprach: „Wir sind nicht betrunken, sondern es ist geschehen, was der Prophet Joel geweissagt hat: ‚So spricht Gott: Ich werde meinen Geist ausgießen über alle Menschen, und jeder, der den Namen des Herrn anruft, wird gerettet werden.‘ Alle, die ihr hier versammelt seid, hört mich an: Durch Jesus von Nazareth hat Gott Wunder getan im ganzen Land. Diesen Jesus nun habt ihr ans Kreuz geschlagen und getötet. Aber der Tod konnte ihn nicht behalten. Gott hat ihn auferweckt. König David hat die Auferstehung Jesu vorausgesehen mit den Worten: Ich werde ruhig im Grab liegen, denn du, Herr, gibst meiner Seele ewiges Leben.“
Und Petrus fuhr fort in seiner ersten großen Predigt: „Diesen Jesus nun hat Gott auferweckt, und wir haben den Auferstandenen mit eigenen Augen gesehen. Nachdem er zum Vater hinaufgefahren ist, hat er den Heiligen Geist über uns alle ausgegossen, wie ihr selber seht und hört.“

Die Leute waren betroffen von den Worten des Petrus, und sie fragten: „Was sollen wir tun?" Petrus erwiderte ihnen: „Ändert euren Sinn, bekehrt euch und laßt euch taufen im Namen Jesu, damit eure Sünden vergeben werden. So werdet ihr die Gaben des Heiligen Geistes empfangen. Für euch ist die Gnade und für viele, die fern von hier wohnen." Auf das Wort des Petrus hin ließen sich an diesem Tag an die dreitausend Menschen taufen.
Am Pfingstfest wird die Kirche geboren, und noch am selben Tag beginnt sie zu wachsen. Zugleich wird an diesem Tag deutlich, daß Gott die Kirche nicht auf ein einziges Volk und ein einziges Land beschränken möchte. Alle Menschen sollen Gotteskinder werden. Deshalb gibt der Heilige Geist den Jüngern die Kraft, so zu sprechen, daß Menschen aus vielen Ländern sie verstehen und auch angerührt werden vom Wort Gottes.
Die meisten Jünger bleiben nicht in Jerusalem. Sie ziehen hinaus in alle Welt und verkünden die frohe Botschaft Jesu Christi. Nicht überall nimmt man sie freundlich auf, und einige von ihnen werden getötet. Aber sie nehmen alle Leiden geduldig auf sich, denn der Heilige Geist ist bei ihnen mit seiner Kraft.

Aus Petrus spricht der Heilige Geist

Jene, die sich hatten taufen lassen, bildeten die erste christliche Gemeinde. Sie hielten sich an das, was die Jünger ihnen von Jesus sagten, und sie trafen sich, um gemeinsam das Brot zu brechen und zu beten. Alles, was sie besaßen, verkauften sie. Das Geld, das sie dafür bekamen, gehörte allen gemeinsam, und wenn einer in Not war, nahm er von diesem Geld so viel, wie er für den Augenblick brauchte. Sie lobten Gott und waren angesehen in ganz Jerusalem. Täglich kamen neue Gläubige hinzu, und so wuchs die Kirche Christi allmählich über die Stadtmauern von Jerusalem hinaus und weiter in die Welt.
Zur Stunde des Gebets gingen Petrus und Johannes hinauf in den Tempel. Da brachte man einen Mann, der war von Geburt an lahm. Man setzte ihn jeden Morgen an das Tor des Tempels, dort sollte er die Beter um eine Gabe bitten. Als der Gelähmte nun Petrus und Johannes in den Tempel kommen sah, bat er auch sie um eine kleine Gabe. Petrus sagte zu ihm: „Sieh uns an!" Da hob der Gelähmte seine Augen in der Hoffnung, die beiden würden ihm ein Geldstück geben. Petrus aber sprach: „Gold und Silber habe ich nicht, doch was ich besitze, sollst du haben. Im Namen Jesu Christi, des Nazareners, steh auf und geh nach Hause." Und er faßte den Gelähmten bei der rechten Hand und zog ihn hoch, und plötzlich konnte dieser sich bewegen und gehen wie die anderen Menschen auch. Voller Freude lief er vor Petrus und Johannes her, trat mit ihnen in den Tempel und lobte Gott mit lauter Stimme.
Petrus sprach zu der Menge: „Was wundert ihr euch darüber, daß dieser wieder gehen kann? Was schaut ihr auf uns, so als hätten wir ihn gesund gemacht? Der Gott Abrahams, Isaaks und Jakobs, der Gott unserer Väter hat seinen Sohn Jesus verherrlicht. Der Glaube, den wir durch Jesus Christus empfangen haben, hat diesen Mann gesund gemacht. Tut Gutes, dann werdet ihr den wahren Frieden haben. Moses hat zu euren Vätern gesprochen: Der Herr, euer Gott, wird euch aus euren Brüdern einen Propheten wie mich erwecken, den sollt ihr hören, und ihr sollt alles tun, was er euch sagt. Und alle Propheten, von Samuel angefangen, haben den Tag vorausgesagt, an dem Gott seinen eigenen Sohn senden würde, um die Menschen frei zu machen von der Last der Sünde. Ihr habt den Heiland gesehen und ihn ans Kreuz geschlagen, aber ihr habt es aus Unwissenheit getan, genauso wie die Hohenpriester und Ratsherren. Dies sollte so sein, damit in Erfüllung ginge, was alle Propheten vorausgesagt haben, daß nämlich der Heiland leiden müsse."
In den Tagen nach dem Pfingstfest geschahen noch viele andere Zeichen und Wunder, und so sahen die Leute, daß Gott den Jüngern half, sein Wort zu verkünden.

Stephanus stirbt für seinen Glauben an Christus

Bald konnten die Jünger Geld und Speisen nicht mehr allein verteilen, denn die christliche Gemeinde wurde immer größer. Deshalb suchten sie sieben Männer aus, die sollten alles gerecht verteilen. Diese Männer sollten weise und fromm sein. Einer von ihnen hieß Stephanus. Die Gnade Gottes war mit ihm, und er tat viele Wunder und Zeichen.
Da wurden einige Juden neidisch auf Stephanus, aber sie wußten nicht, wie sie ihn zu Fall bringen konnten. Deshalb hetzten sie das Volk gegen ihn auf und stifteten Männer an, sie sollten sagen, Stephanus habe Moses und Gott gelästert.
Da hielt Stephanus eine lange Rede. Er erinnerte noch einmal an die Mühe, die sich Gott mit dem auserwählten Volk gemacht hatte, und er schloß mit den Worten: „Ihr Halsstarrigen! Immer seid ihr gegen den Heiligen Geist, und wenn er spricht, dann stopft ihr euch die Ohren zu wie eure Väter. Die haben alle getötet, welche die Ankunft des Gerechten angekündigt haben, und als der Heiland endlich da war, hattet ihr nichts Besseres zu tun, als ihn sogleich zu verraten und umzubringen. Boten Gottes haben geholfen, daß ihr das Gesetz empfangen konntet. Empfangen habt ihr es, doch niemand von euch denkt daran, es zu befolgen."
Als seine Feinde dies hörten, wurden sie zornig. Stephanus aber wurde vom Heiligen Geist erfüllt. Er schaute zum Himmel auf, erblickte die Herrlichkeit Gottes und Jesus zur Rechten des Herrn und rief: „Ich sehe den Himmel offen und den Menschensohn zur Rechten Gottes stehen." Die um ihn herum standen, hielten sich die Ohren zu und stürzten sich auf ihn. Sie stießen ihn vor sich her zur Stadt hinaus, hoben Steine auf und warfen sie gegen seine Brust und seinen Kopf. Stephanus betete: „Herr Jesus, nimm meinen Geist auf!" Als er in die Knie sank, rief er mit letzter Kraft: „Rechne ihnen dieses nicht als Sünde an!" Hierauf starb er.
Noch an demselben Tag standen die Feinde der Kirche gegen die Christen auf, und diese flüchteten nach Judäa und Samaria. Nur die Jünger blieben in Jerusalem zurück. Ihre Feinde glaubten, mit der Kirche Christi sei es nun zu Ende, doch sie irrten sich. Die Flüchtigen zogen überall im Land umher und verkündigten die frohe Botschaft Jesu Christi. Auch hatten die Leute gehört, daß Stephanus für seinen Glauben mutig in den Tod gegangen war, und sie sagten sich: Wenn einer sein Leben für Jesus Christus und seine Botschaft hingibt, dann müssen dieser Jesus Christus und sein Wort etwas Großes sein. Und viele ließen sich taufen. Das Beispiel des Stephanus gab ihnen Mut, Christen zu werden und gute Christen zu sein.

Mit Jesus werden wir begraben, mit Jesus werden wir auferstehen

Christus hat den Tod besiegt, aber nicht nur für sich selber. Weil er von den Toten auferstanden ist, hat er allen Menschen die Hoffnung auf ein Leben nach dem Tod gegeben.
Niemand hat diese Verbindung von Jesu Tod und Auferstehung mit dem Leben der Menschen deutlicher gesehen als der heilige Paulus. In immer neuen Bildern verknüpft er die Person Jesu mit dem einzelnen Menschen, und er sagt deutlich: Was Jesus geschehen ist, das wird auch mit uns geschehen.
Der heilige Paulus sagt: Ich will euch das am Beispiel der Taufe erklären. Damals taufte man die Leute, indem man sie ganz untertauchte. Dieses Untertauchen ist wie das Begrabenwerden. Aber die Leute bleiben ja nicht unten im Wasser. Man zieht sie wieder hoch, sie atmen frische Luft.
Wie Christus müssen wir leiden und sterben, wie Christus werden wir begraben. Aber das ist nicht das Ende. Wie Christus von den Toten auferstanden ist, so werden auch wir zu einem neuen Leben mit ihm auferstehen.

Als Stephanus gesteinigt wird, legen die Mörder ihre Gewänder zu Füßen eines Mannes nieder, der Saulus heißt. Dieser ist kein anderer als der Mann, welcher später Paulus heißen und einer der eifrigsten Verkünder der Frohbotschaft Jesu Christi sein wird. Schon bei der Ermordung des Stephanus hat er gesehen, daß der, welcher im Namen Jesu die Wahrheit sagt und das Rechte tut, Verfolgung leiden muß und oft sogar den Tod. Wer Christus nachfolgen will, der muß sein Kreuz auf seine Schultern nehmen und es bis zum Ende tragen. Paulus selber hat dies getan. Er hat aber auf seinem Leidensweg nie die Freude und die Hoffnung verloren, denn er weiß, daß er viel leiden muß, um die Herrlichkeit Gottes zu schauen. Leiden und Tod sind nicht das Ende, sondern der Anfang einer großen Freude, die uns niemand mehr rauben kann. So ermahnt er besonders in seinem Brief an die Römer die Gläubigen, stets an dieser Hoffnung festzuhalten. Er sagt: Wenn wir uns umschauen, dann sehen wir, daß alle Geschöpfe leiden müssen. Aber die Herrlichkeit Gottes, die wir einmal schauen dürfen, ist unendlich viel größer als die Leiden dieser Welt. Leiden müssen wir nur eine kurze Zeit, aber die Herrlichkeit Gottes dauert ewig. Die Kraft, die uns die Leiden dieser Welt tragen hilft, ist die Hoffnung. Da Gott seinen eigenen Sohn für uns dahingegeben hat, dürfen wir sicher sein, daß er uns liebt und uns nicht allein läßt.
Die Hoffnung nähren wir durch das Gebet. Aber oft beten wir nicht richtig. Wir bitten darum, daß uns ein kleines Leiden abgenommen wird, und denken nicht daran, daß Gott uns Leiden schickt, um uns zu prüfen. So wissen wir also nicht, wie und worum wir beten sollen. Doch dann kommt der Heilige Geist uns zu Hilfe und sagt uns, wie wir beten sollen und was wir erbitten dürfen. Der Heilige Geist weiß, was für uns gut ist, und er bringt uns dazu, das zu wollen, was auch der Wille Gottes ist.

Philippus verkündet die Frohbotschaft auf einem Pferdewagen

Unter den Jüngern Christi war einer, der hieß Philippus. Er zog in Samaria von Dorf zu Dorf und predigte die frohe Botschaft Jesu Christi, und viele ließen sich taufen. Eines Tages nun erschien ihm ein Bote Gottes und sprach: „Steh auf und geh nach Süden, bis du auf die Straße kommst, die von Jerusalem nach Gaza führt. Du weißt, die Straße wird nur von wenigen befahren."
Philippus stellte keine Fragen, sondern machte sich sogleich auf den Weg nach Süden und wartete am Straßenrand. Da kam ein Mann aus Äthiopien in seinem Wagen gefahren, der war ein hoher Beamter am Hof der Kandake, der Königin der Äthiopier. Er war nach Jerusalem gekommen, um den Herrn im Tempel anzubeten. Nun war er auf dem Heimweg und las auf seinem Wagen in dem Buch des Propheten Jesaja. Der Geist des Herrn kam über Philippus und sprach zu ihm: „Gehe an diesen Wagen heran!"
Philippus lief hinter dem Wagen her und fragte den Mann: „Glaubst du, daß du auch alles verstehst, was du da liest?" Der Mann antwortete: „Wie könnte ich alles verstehen, wenn niemand kommt und mir die Worte des Jesaja erklärt?" Und er bat den Philippus, zu ihm auf den Wagen zu steigen und sich an seine Seite zu setzen. Er las aber gerade folgende Stelle: „Wie ein Lamm wird er zur Schlachtbank geführt, und wie ein Lamm, das man scheren will, den Mund nicht auftut, so schweigt auch er." Da fragte der Beamte den Philippus: „Von wem sagt Jesaja das? Von sich selber oder von einem anderen?" Da verkündigte ihm Philippus die frohe Botschaft Jesu Christi.
Als sie so ein gutes Stück weitergefahren waren, kamen sie an ein Wasser, und der Beamte sprach: „Sieh, da ist Wasser! Warum sollte ich mich nicht auf der Stelle taufen lassen?" Philippus erwiderte ihm: „Wenn du glaubst aus deinem ganzen Herzen, kann es geschehen." Da sprach der Beamte: „Ich glaube, daß Jesus Christus der Sohn Gottes ist." Und er hielt den Wagen an, und er und Philippus stiegen hinab zu dem Wasser, und der Apostel taufte ihn. Als sie nun wieder aus dem Wasser heraufstiegen, da hob der Geist des Herrn den Philippus hinweg, und der Beamte sah ihn nicht mehr. Aber er war voller Freude, stieg auf seinen Wagen und fuhr weiter nach Süden seiner Heimat entgegen.
Das ist die rechte Art, das Evangelium zu verkünden. Der Mann aus Äthiopien hat Hunger und Durst nach der Wahrheit. Philippus wartet nun nicht, bis der Beamte zu ihm kommt. Nein, er läuft ihm nach, steigt auf seinen Wagen, unterhält sich lange mit ihm, drängt ihn nicht, sich taufen zu lassen, nein, wartet, bis der Beamte aus freiem Entschluß sagt: Taufe mich unten in dem Wasser.

Die Kirche Jesu ist eine Kirche der Armen

Auch der heilige Jakobus hat uns einen Brief hinterlassen. Darin ermahnt er die Gläubigen vor allem, niemals zu vergessen, daß Jesus Christus ein Freund der Armen und Notleidenden gewesen ist. So schreibt der heilige Jakobus: „Schaut nicht auf das Äußere der Person! Wenn in eure Versammlung ein Mann kommt, der prächtige Kleider und goldene Ringe trägt, und es kommt zugleich ein Armer in dürftiger Kleidung und ihr sagt zu dem Reichen: ‚Setze dich hier auf den guten Platz!', zu dem Armen aber sagt ihr: ‚Bleib dort stehen oder hocke dich neben meinen Fußschemel!', seid ihr da nicht in einem schlimmen Irrtum befangen, und urteilt ihr da nicht falsch? Hat Gott denn nicht die, welche vor der Welt als Arme dastehen, zu Reichen gemacht, weil sie glauben, und ihnen das Reich gegeben, das denen gehört, welche Gott aus ihrem ganzen Herzen lieben? Ihr aber habt den Armen entehrt. Sind es nicht im übrigen die Reichen, die euch drücken mit allerlei Gewalt und euch vor den Richter schleppen? Wenn ihr euch an das königliche Gebot haltet, das da spricht: ‚Du sollst deinen Nächsten lieben wie dich selbst!', so handelt ihr recht."

Nachdem der heilige Jakobus die Gläubigen ermahnt hat, nicht auf das Geld, das einer hat, sondern nur auf das Herz zu schauen, wendet er sich an die, welche reich sind. Jakobus verurteilt nicht den Besitz, er verurteilt nur den falschen Gebrauch, den viele Reiche von ihrem Geld machen. So heißt es in seinem Brief: „Und nun zu euch, ihr Reichen! Weint und heult über euer Elend, das über euch kommen wird. Euer Reichtum verfault, eure Kleider zerfressen die Motten, und der Rost auf eurem Gold und eurem Silber wird euch anklagen am Tag des Gerichts! Den Arbeitern, die auf euren Feldern gearbeitet haben, ihnen habt ihr den gerechten Lohn nicht ausbezahlt, und die Klagerufe dieser Arbeiter sind zu den Ohren des Herrn gekommen. Ihr habt auf Erden gepraßt, habt mehr gegessen und getrunken, als nötig war, habt eure Gier gesättigt. Ihr habt eure Macht mißbraucht und den Gerechten verurteilt und ermordet, und er konnte sich nicht gegen eure Willkür wehren. Aber ihr werdet sehen, was ihr davon habt."
Jakobus vergißt in seinem Brief auch die Kranken nicht. Er sagt: „Die Priester sollen die Kranken mit Öl salben und mit ihnen beten, damit der Herr ihnen Kraft gibt und sie von ihren Sünden erlöst."

Jesus fordert von uns das gute Beispiel

Die Kirche Jesu Christi kann sich in äußeren Formen wandeln, aber der Geist der Kirche ändert sich nicht.

Schon in frühester Zeit gaben die Bischöfe die unveränderliche und unteilbare Kraft, die allein von Gott kommt, durch Handauflegen an die jungen Priester weiter. So geht derselbe Gnadenstrom durch die Jahrhunderte hindurch, und durch ihn sind wir immer mit dem lebendigen Ursprung verbunden.

Aber diese Kraft ist ohne jede Wirkung, wenn wir sie nicht in unseren Gedanken und Werken zum Ausdruck bringen. So ermahnt der heilige Paulus einen jungen Priester Timotheus in einem Brief: „Strebe immer danach, ein frommer Mann zu sein. Wer fromm ist, dem ist auch das künftige Leben sicher. Sei allezeit ein Vorbild in Wort und Werk, in der Liebe, im Glauben und in der Reinheit. Sorge dafür, daß du mit jedem Tag ein besserer Mensch wirst. Achte auf dich selbst und auf die Lehre Jesu Christi und halte dich stets daran. Wenn du so festhältst am Wort Christi, dann wirst du dich selber retten und die auch, welche auf dich hören."

Es ist auffallend, mit welcher Findringlichkeit der heilige Paulus von dem Diener Gottes das gute Beispiel fordert. Denn es nützt nichts, den Namen Jesu Christi stets im Mund zu führen, aber dabei so zu leben, als habe Christus nie gelebt. So leben, wie Christus es uns vorgemacht hat – das, und nur das, heißt ein Christ sein.

Der heilige Paulus vergleicht die Kirche Jesu Christi mit dem Leib. Er ist das Haupt, wir sind die Glieder. Da Jesus Christus das Haupt ist, dürfen die Glieder in der Hoffnung leben.
Aber nicht alles an diesem geheimnisvollen Leib ist sichtbar. Wir sehen die Bischöfe und Priester, und wir sehen die Gläubigen. Aber die verborgenen Gnadenströme in den Herzen der Menschen sehen wir nicht, und wo der Leib der Kirche eigentlich aufhört, das kann auch niemand ganz genau sagen, denn der Geist Gottes weht, wo er will, und das ist gut so.
In diesem Leib hat jeder seinen Platz. Dafür hat der heilige Paulus ein schönes Bild gefunden. Im ersten Brief an die Korinther schreibt er: „Der Leib hat viele Glieder, und dennoch bilden sie einen einzigen Leib. So ist es auch mit der Kirche Jesu Christi. Durch seinen Geist sind wir alle zu einem Leib getauft, ob wir nun Juden oder Griechen sind, ob Knechte oder Freie. Und alle sind wir von dem einen Geist durchdrungen. Der Leib besteht nun nicht aus einem einzigen Glied, sondern aus vielen Gliedern. Wenn nun der Fuß sagen würde: ‚Weil ich nicht Hand bin, gehöre ich nicht zum Leib', so gehört er dennoch zum Leib. Und würde das Ohr sagen: ‚Weil ich nicht Auge bin, gehöre ich nicht zum Leib', so gehört es trotzdem zum Leib. Wenn der ganze Leib Auge wäre, wie könnte er dann hören? Und wenn er nur Ohr wäre, womit sollte er dann riechen? Wenn alles nur ein einziges Glied wäre, wo bliebe dann der Leib? Am Leib sind viele Glieder, aber es ist nur ein Leib.
Das Auge kann nicht zur Hand sagen: ‚Ich brauche dich nicht.' Und das Haupt kann nicht zu den Füßen sagen: ‚Ich brauche euch nicht.' Gerade die Glieder des Leibes, die geringer zu sein scheinen, sind oft die notwendigsten. Gott hat den Leib so zusammengefügt, daß alle Glieder in gleicher Weise füreinander sorgen. Wenn ein Glied des Leibes leidet, so leiden alle Glieder mit, und wenn einem Glied eine große Freude widerfährt, so freuen sich die anderen Glieder mit ihm."
Dann erklärt der heilige Paulus das Bild. Er sagt: „Es gibt verschiedene Gnadengaben, aber es ist derselbe Geist. Der eine hat die Kraft zu heilen, ein anderer kann viele Sprachen sprechen. Dies alles bewirkt ein und derselbe Geist, und er teilt einem jeden zu, was er will."
Aber Paulus weiß: Die Einsicht der Menschen, daß jeder von ihnen eine bestimmte Aufgabe hat, bringt noch nicht den Frieden. Deshalb schließt er seine Betrachtungen über den einen Leib und die vielen Glieder mit der Aufforderung, daß sich diese Glieder stets im Geist der Liebe zusammenfinden sollen. Für alle Glieder am geheimnisvollen Leib Jesu Christi gilt der Satz, in dem die ganze Botschaft Jesu Christi enthalten ist: „Liebe den Nächsten, denn er ist Mensch wie du!"

Das Wort Gottes ist lebendig

Jesus Christus ist in den Himmel aufgefahren, um uns den Weg zu bereiten in jenes unsichtbare Reich des Vaters. Aber er ist immer gegenwärtig unter uns: einmal durch sein Fleisch und Blut, das wir zu unserer Stärkung essen dürfen, zum anderen in seinem Wort. Immer, wenn wir im Neuen Testament lesen, hören wir sein Wort.

Was wir an diesem Wort haben, das lesen wir in dem Brief an die Hebräer: „Das Wort Gottes ist lebendig und wirksam, und es ist schärfer als jedes zweischneidige Schwert und dringt durch, bis daß es Seele und Geist, Mark und Knochen scheidet, und so ist das Wort ein Richter der Gedanken und Gesinnungen des Herzens."

Wir haben viele Fragen. Das Wort Gottes gibt uns darauf eine Antwort. Uns ist oft, als tappten wir im Dunkeln. Das Wort Gottes bringt Licht in dieses Dunkel, und es ist stark genug, auch noch den finstersten Winkel unseres Herzens zu erhellen.

Petrus und Paulus sterben für Christus

Nach seiner Auferstehung von den Toten erschien Jesus seinen Jüngern am See Tiberias. Dabei zeigte er auf einige Jünger und fragte den Simon Petrus: „Simon, Sohn des Johannes, liebst du mich mehr als diese?" Petrus antwortete: „Ja, Herr, du weißt, daß ich dich liebe." Da sprach Jesus zu ihm: „Weide meine Lämmer!" Wiederum fragte er ihn: „Simon, Sohn des Johannes, liebst du mich?" Und Petrus erwiderte: „Ja, Herr, du weißt, daß ich dich liebe." Und Jesus sprach zu ihm: „Weide meine Schafe." Noch ein drittesmal fragte er ihn: „Simon, Sohn des Johannes, liebst du mich?" Da wurde Petrus traurig, weil ihn Jesus zum drittenmal gefragt hatte, ob er ihn auch liebe, und er sagte: „Herr, du weißt alles – du weißt auch, daß ich dich liebe." Jesus sprach zu ihm: „Weide meine Schafe!" Dann fuhr er fort: „Als du noch jung warst, tatest du, was dir gefiel, und gingst, wohin du wolltest. Wenn du aber alt geworden bist, dann wird dich einer bei der Hand nehmen und dich führen, wohin du nicht willst."
Jesus macht Petrus zum Hirten der jungen Kirche, aber er deutet auch an, daß dieses Amt vom Hirten große Opfer verlangt, ja das größte Opfer überhaupt: das Leben. Jesus hat von sich selbst gesagt, daß er der gute Hirt ist, der sein Leben hingibt für seine Schafe. Auch Petrus wird dieses Opfer bringen. Die Feinde der Kirche wollen ihn kreuzigen wie Jesus. Doch Petrus will noch mehr leiden als sein Herr. Deshalb bittet er seine Peiniger, ihn mit dem Kopf nach unten zu kreuzigen. Auch der heilige Paulus muß seine Glaubenstreue mit dem Tod bezahlen.

Das Gottesreich ist unteilbar

Wenn wir heute in eine große Stadt kommen, so ist das nichts Besonderes mehr. In der Zeit aber, in der Jesus lebte und starb, schlug das Herz eines Juden höher, wenn er nach einem langen Fußmarsch oder einem beschwerlichen Ritt die Türme Jerusalems vor sich auftauchen sah, dann die Masse der Häuser und über allem die Zinnen des Tempels, der das Ziel ihrer Reise war. Dort thronte im Innern des Heiligtums auf einem goldenen Stuhl unsichtbar Gott der Herr. Jerusalem war für die frommen Juden eine heilige Stadt.
Nun kam Jesus Christus und verkündigte das Kommen eines neuen Reiches, des Gottesreiches. Die frühen Christen konnten sich kein rechtes Bild von diesem Gottesreich machen und sprachen deshalb von einem neuen Jerusalem. Sie hatten dabei nicht bedacht, daß dieses Gottesreich ganz anders ist als eine von Menschen erbaute Stadt. In der „Offenbarung", die während einer Christenverfolgung wahrscheinlich auf der Insel Patmos geschrieben wurde, sieht der prophetische Seher das Gottesreich so: Und ich sah einen neuen Himmel und eine neue Erde. Der erste Himmel und die erste Erde waren vergangen, und auch das Meer ist nicht mehr da. Und ich sah die heilige Stadt, das neue Jerusalem, herabsteigen von Gott aus dem Himmel, wie eine Braut, die für ihren Bräutigam geschmückt ist. Und ich hörte eine starke Stimme, die sprach vom Thron herab: „Seht das Haus Gottes bei den Menschen. Er wird bei ihnen wohnen, und sie werden sein Volk sein, und Gott selbst wird mitten unter ihnen sein. Und Gott wischt alle Tränen von ihren Augen ab, und der Tod hat keine Macht mehr, man hört nicht Trauer noch Klage, und niemand braucht mehr Schmerzen zu leiden, denn das Erste ist vergangen." Und der auf dem Thron saß, fuhr fort: „Siehe, ich mache alles neu! Ich bin der Anfang und das Ende. Dem Durstenden will ich aus der Quelle Wasser des Lebens zu trinken geben. Wer standhaft geblieben ist und treu, der soll dies alles bekommen, ich werde ihm Gott sein und ich will ihn halten wie meinen Sohn. Die Mutlosen aber, die Treulosen, die Unheiligen und Mörder, die Unzüchtigen und Zauberer, die Götzendiener und Lügner kommen in den See, der von Feuer und Schwefel brennt. Das ist der zweite Tod."
Hierauf versucht der Verfasser der „Offenbarung", der sich Johannes nennt, das neue Jerusalem zu beschreiben, das Gott für die guten Menschen bereitet hat. Auf den ersten Blick sieht es aus wie eine Stadt, so wie die Menschen sie damals bauten. Doch da sind einige Einzelheiten, wie man sie in keiner von Menschen erbauten Stadt entdecken kann. Zunächst ist das neue Jerusalem eine helle Stadt. Alles ist von Licht durchstrahlt, und es gibt keine finsteren Winkel.

Dann sagt Johannes deutlich, daß er keinen Tempel darin sah, denn der Tempel in dem himmlischen Jerusalem ist das Lamm, Jesus Christus, der sein Blut dahingegeben hat, damit die guten Menschen in dieses himmlische Jerusalem kommen konnten.
Die Völker wandeln in dem hellen Licht, das von dem Lamm ausgeht. Die Tore werden nie geschlossen, denn dort gibt es keine Nacht.
Nun werdet ihr fragen: „Wo ist denn dieses neue Jerusalem? Über den Wolken? Auf einem fernen Stern?" Nein, da ist es sicher nicht. Wenn wir sagen, Gott sei hoch im Himmel, so ist das nur ein Versuch, uns etwas als gegenständlich vorzustellen, was nur Geist ist. So geht es uns auch mit dem neuen Jerusalem.
Wir können sagen: Das Gottesreich, das neue Jerusalem, ist überall dort, wo der Glaube an Jesus Christus die Menschen dazu bringt, einander zu lieben. Wenn wir sterben, gehen wir aus einer Welt, in der es uns noch Mühe macht, alles aus Liebe zu tun, in eine andere, in der die Liebe so mühelos ist wie das Atmen. Wer aber hier auf der Erde Jesus nicht auf dem beschwerlichen Weg der Liebe gefolgt ist, der wird in der Welt, die nach dem Tod kommt, ohne Liebe leben müssen. So ist das Gottesreich genau besehen ein einziges unteilbares Reich. Sein Gesetz ist die Liebe. Da nun die Liebe im Herzen ihren Sitz hat, kann Jesus sagen: „Das Gottesreich ist mitten in euch." Und wir haben es, wenn wir die Liebe haben, in diesem Leben und auch in jenem, das nach dem Tode kommt.